Regine Zopf

Das Unsichtbare wird sichtbar

Regine Zopf

Das Unsichtbare wird sichtbar

Die Energiekörper des heutigen Menschen

Von Sameen Al Hoskia Ra
und den Weltenhütern

Weltenhüter
Verlag
Ralph Peters

1. Auflage Oktober 1993

Satz: Ralph Peters
Druck: Clausen & Bosse, Leck
Umschlaggestaltung: Regine Zopf und Ralph Peters

Weltenhüter Verlag Ralph Peters, Hamburg

ISBN 3-929681-01-3

Wir meinen immer noch,
die Erde könnte
ein Paradies sein!

Sameen Al Hoskia Ra und die Weltenhüter

Inhalt

Einführung

Die Energiekörper

Die Verbindungen der Energiekörper

Das Energiesystem des Menschen im Licht der Zeit

Vorwort

Seit der Herausgabe des ersten Buches "Das Unsichtbare wird sichtbar, Die Chakren und ihre Bedeutung für den heutigen Menschen" sind sechs Monate verstrichen, und das fertige Manuskript dieses zweiten Buches liegt vor mir. Die Entstehungsphase war wieder sehr intensiv. Wie beim ersten Buch spürte ich die ganze Zeit eine gewisse Dringlichkeit, konstant daran zu arbeiten, keine langen Pausen zwischen den Sitzungen einzulegen und mich vollkommen dieser Aufgabe zu widmen. Ich setzte mich mehr oder weniger regelmäßig morgens nach meinen Körper- und Chakrenübungen an den Arbeitstisch, versammelte meine Lieblingskristalle um mich, versenkte mich in Meditation und ließ dann meine nicht-physischen Freunde, die Weltenhüter, dieses Buch diktieren. Wie es zu dem Kontakt mit den Weltenhütern und Sameen gekommen ist, erzählte ich bereits im Vorwort des ersten Buches. Durch die vorliegenden Texte fühle ich mich bereichert und beschenkt. Sie sind einfach, für jeden verständlich und lehren uns mit der Basis zu beginnen. Ihre Aktualität zeigt sich uns in den täglichen Ereignissen.

Bei allen Freunden, die in irgendeiner Art an der Herausgabe und Fertigung des Buches mitgewirkt und mitgeholfen haben, möchte ich mich von ganzem Herzen bedanken. Ein besonderer Dank gilt meinem Lebensgefährten Ralph.

Dank an die Weltenhüter für ihre Liebe und ihren unerschütterlichen Glauben an uns.

Regine

Vorwort

Einführung

Begrüßung

Wir begrüßen euch zum nächsten Abenteuer, Forscher eurer selbst! Bereits in unserem ersten Buch* hatten wir angedeutet, daß zum kompletten Bild des Menschen noch ein zweites Buch, eine Fortsetzung des ersten, erscheinen wird. Wir hoffen, dadurch eure Sicht über euer Dasein auf Erden zu erweitern und euer Dasein selbst zu verbessern. Das ist unsere Aufgabe und unser Bemühen.

Für alle, die uns bisher noch nicht kennen, möchten wir uns vorstellen. Wir, das ist eine Gruppe von Wesenheiten, von Bewußtseinsenergien in den himmlischen Bereichen oder man kann auch sagen, im Kosmos. Wir werden in diesen Ebenen die "Weltenhüter" genannt. Besser formuliert, das Wort "Weltenhüter" drückt unsere Energie, Schwingung und auch Aufgabe und Bestimmung aus. Unsere Gruppe setzt sich aus 21 Wesenheiten zusammen, die sich gegenseitig ergänzen und eine Einheit bilden. Eine Wesenheit steht besonders mit unserer Freundin, die diese Worte übermittelt, in Verbindung. Selten können wir als Ganzes sprechen. Ein Vertreter von uns allen spricht zu euch und wie schon im ersten Buch, ist es Sameen Al Hoskia Ra. Dies ist bei der Übermittlung der Worte einfacher für unsere Freundin. Sameen und Regine sind eins in den Zeiten der Übermittlung, was durch ihre Verbindung von Anbeginn aller Zeit möglich ist. Es ist somit eine sehr alte Verbindung, die über die Jahrhunderte hinweg von Regines Seite aus stärker oder schwächer war. Sie hat sich entschie-

---

* "Das Unsichtbare wird sichtbar, Die Chakren und ihre Bedeutung für den heutigen Menschen", Regine Zopf, Weltenhüter Verlag.

den, bei Anbeginn der Zeit in den Zyklus des menschlichen Lebens einzutreten, genauso wie ihr. Sie kennt die Höhen und Tiefen, die glücklichen und unglücklichen Ereignisse, die Gefahren und Schönheiten des menschlichen Lebens. Über ihr Erleben kommen diese Informationen zu uns. Sameen hat sie überwacht all diese Jahrhunderte hindurch. Wenn nicht direkt, so doch indirekt durch andere Wesenheiten aus den himmlischen Bereichen, die dienen, um weiter emporsteigen zu können.

In ähnlicher oder gleicher Weise werdet auch ihr überwacht. Überwachung ist für euch ein negatives Wort, und wir möchten es euch näher erklären. Wir meinen damit, daß ihr jederzeit eine Energie zur Verfügung habt, die euch hilfreich zur Seite steht und die euch direkt unterstützt, wenn ihr darum bittet. Es liegt nur an euch, mit ihr in Kontakt zu treten. Dies erscheint vielen Menschen vielleicht unmöglich, doch es ist so. Jederzeit seid ihr begleitet, eingebettet in eine Energie, die *für* euch da ist. So vieles zeigt sich in eurem täglichen Leben, als ob es gegen euch wäre und ist es auch. All die Umweltverschmutzung und Umweltzerstörung als Beispiel ist gegen euch, ist gegen das Leben an und für sich. Doch für jeden steht eine Energie zur Verfügung, die ihr euch zunutze machen könnt, die jederzeit für euch da ist und die euch begleitet und überwacht. Ihr fragt nun, warum diese Energien oder diese Wesen euch dann all die verrückten und oft dummen Dinge tun oder erleben lassen, die eure vielen Leben kennzeichnen. Warum halten sie euch nicht ab? Nun, sie haben nicht die Aufgabe, euch von Erfahrungen abzuhalten, die ihr tun wollt. Diese Energien können erst zu euch sprechen, wenn ihr sie darum bittet. Eure Helfer dürfen nicht in der Weise in euer Leben eingreifen, indem sie euch wichtige Erfahrungen wegnehmen. Wichtige Erfahrungen sind oder können auch schmerzvolle Erfahrungen sein, die ihr vielleicht so lange wiederholt, bis ihr "nein" dazu sagt. Eure wahren Helfer sind extrem respektvoll und warten auf den Moment, wo ihr euch für sie öffnet und Dinge einleitet, die euch helfen, sie besser und direkter zu hören. Wir, die Weltenhüter, sind also ein Ganzes, und ein Teil von uns, Sameen, spricht für uns durch Regine, durch unsere Freundin. Eine unserer Aufgaben ist, die Harmonie im Kosmos aufrechtzuerhalten. Hierzu gehören viele Aufgabenbereiche, und einer davon sind die Menschen und ihre Existenz. Man kann sagen, daß der Mensch im allgemeinen nicht in Harmonie lebt und sich immer mehr und mehr von diesem Zustand wegbewegt. Deswegen nehmen wir diese Gelegenheit wahr, zu euch zu sprechen und wir hoffen, daß wir mit der Wahl unserer Worte eure Einsicht erreichen und mit unserer Energie eure Herzen bewegen können.

All unsere Liebe zu Beginn des Buches für euch. Liebe und Respekt soll die Verbindung bei unserer gemeinsamen Forschungsarbeit sein. Ja, es wird wieder eine Forschungsarbeit werden, wenn ihr euch darauf einlaßt, all die Dinge auszuprobieren, die wir vorschlagen. Wieder ist der Forscher in euch angesprochen und Freude und Liebe soll euch durch das ganze Buch hindurch begleiten! Die Entdeckung eurer selbst ist das größte Abenteuer, das es zu erleben gilt. Und es ist uns eine Ehre, euch einen Teil dieses Weges begleiten zu dürfen.

So vieles gibt es für euch zu entdecken,
Forscher eurer selbst!
So viele Abenteuer gibt es zu erleben!
So viele Ebenen in und um euch
gibt es zu erobern!

Wer seid ihr? Aus was oder aus welcher Materie besteht ihr? Wo geschieht inneres Erleben in euch? Ist es wahr, daß der Mensch mehrere Körper hat und so weiter und so weiter. Viele Fragen und bestimmt gibt es bereits viele Antworten auf diese. Doch wir möchten euch in den zukünftigen Texten nicht nur Antworten geben, sondern auch Übungen, durch die ihr selbst Antworten finden könnt. Wie schon im ersten Buch möchten wir euch nicht nur fertige Antworten liefern, die ihr glauben könnt oder nicht, sondern wir möchten euch auch Möglichkeiten liefern, unser Gesagtes selbst überprüfen zu können. Es ist uns ein besonderes Bedürfnis euch zu unterstützen in eurem eigenen inneren Erleben, das ein rein theoretisches Wissen komplett macht. Was ist schon ein Mensch, der viel weiß, aber nichts von dem erlebt hat? Er gleicht einer wandelnden Bibliothek, die ihn früher oder später in seiner ganzheitlichen Erfahrung stören wird. Wachsen auf allen Ebenen gleichzeitig ist wichtig. Ein angemessener Austausch und Informationsfluß aller Ebenen in euch ermöglicht das Erleben von Ganzheit. Doch nun sind wir schon in das Thema dieses Buches eingetaucht, nämlich in die Ebenen eures Daseins. Viele Namen können hierzu gebraucht werden, wie z.B. die Ebenen des Menschen oder die Körper des Menschen oder Energieebenen. Wir bevorzugen die Namen *Energiekörper* und *Energieebenen* des Menschen.

Es geht also wieder um Energie! Und es geht wieder um das Unsichtbare! Natürlich ist auch euer physischer Körper ein Energiekörper, und zwar ein gewaltiger, der eine großartige Aufgabe vollbringt. Aber parallel zu ihm gibt es noch andere, unsichtbare Energiekörper, die ebenso wie der physische Körper ständig in Bewegung sind und wertvolle Aufgaben leisten. Besonders ihnen wollen wir unsere Aufmerksamkeit und

Beachtung schenken. Besonders sie wollen wir aus dem Bereich des Unsichtbaren herausholen und sie euch ganz vor Augen führen. Sie sollen für euch sichtbar werden, sie sollen für euch Realität werden. Dadurch vergrößert sich euer innerer Horizont, dadurch werdet ihr euch eurer Aufgabe und Verantwortung mehr bewußt. Einige Menschen sehen bereits Energiekörper und zwar mit dem inneren Auge oder sogar mit ihren physischen Augen. Doch diese Sicht kann oft nicht gedeutet werden und Fragen entstehen wie z.B. "was sehe ich eigentlich, was bedeuten die Farben und Wolken, die ich sehe?" Die Wahrnehmung dieser Energiekörper und besonders ihre Deutung erfordert große Demut und innere Klarheit. Es ist eine Wissenschaft, die es für die Menschheit noch zu entschlüsseln gilt. Immer mehr Menschen beginnen wieder die Auren der Energiekörper zu sehen oder noch besser ausgedrückt, sie bekennen sich dazu. Eine Öffnung geschieht in den Menschen für diese Ebenen, was besonders für die neue Generation wichtig ist. Kleine Kinder im Alter von circa vier Jahren und jünger sprechen oft von Wolken oder Farben um den Körper der Menschen. Ihre Sicht ist noch geöffnet für die Energieebenen des Menschen. Wird diese Sicht nicht zerstört und werden kleine Kinder in ihrer Wahrnehmung nicht gehindert, nehmen sie diese weiter mit in ihr Leben hinein. Nur durch die Negierung der Eltern und anderer Erwachsener um sie herum, unterdrücken diese Kinder ihre Sicht im Laufe ihrer Jugend. Im Zuge der allgemeinen Gleichmachung negieren sie ihre Wahrnehmung, damit sie ihre Freunde behalten und sich nicht anders oder fremdartig fühlen. Vielleicht ist das auch euch passiert in jungen Jahren und nun müßt ihr bestimmte Bemühungen auf euch nehmen, um diese Sicht zurückzuerobern. Doch ihr werdet wenigstens eure Kinder nicht in ihrer Sicht behindern oder sie bestrafen, wenn sie zu euch kommen und von Wolken oder Farben um den Menschen herum erzählen. Ihr seid dann diejenigen, die ihnen erklären können, was sie sehen und die sie unterstützen. Gleichzeitig seid ihr aber auch diejenigen, die von ihnen lernen können. Wenn ihr wüßtet, wie anders die Sicht von kleinen Kindern als die von euch ist. Sie sehen noch mit den Augen der Unschuld und des Unwissens. Sie haben noch keine Konzepte von "wie alles sein sollte oder wie alles zu sein hat". Sie unterscheiden nicht zwischen der materiellen und der nicht-materiellen Ebene, oder der physischen und der feinstofflichen Ebene. Erst Beschränkungen, Konzepte und Grenzen bringen sie mehr und mehr in die eindimensionale Sicht der physischen Ebene hinein. Somit gilt es sich zu befreien von inneren Einschränkungen, um wieder mit den Augen eines Kindes sehen zu können. Doch zu dieser Sicht eines Kindes kommt dann das Wissen und die Erfahrung eines Erwachsenen hinzu.

Es geht in diesem Buch also um die Energieebenen des Menschen, die Heiler als Aura beschreiben oder die feinstofflichen Körper nennen. Wir wollen euch hier ein Konzept an die Hand geben, damit ihr eure feinstofflichen Körper selbst kennenlernen könnt, damit ihr frei werdet von den Meinungen anderer über euch, damit ihr euch schulen könnt in eurer inneren Sicht und damit ihr selbständig Kontakt mit ihnen aufnehmen könnt, um sie zu beleben und zu reinigen.

Die Weltenhüter.

Die Aufgabe der Energiekörper

In diesem Buch wollen wir die ersten vier Energiekörper des Menschen behandeln, und zwar den physischen Körper, den Emotionalkörper, den Mentalkörper und den Spiritualkörper. Darüber hinaus gibt es noch weitere Energiekörper, aber die Zeit ist noch nicht angebrochen, um über sie zu sprechen. Zunächst möchten wir euch in der Kenntnisnahme dieser vier Körper oder Ebenen schulen, damit ihr eine solide Grundlage für euch und euer Leben schafft.

Es gibt also viele Ebenen, viele Körper, aus denen sich der Mensch zusammensetzt. Der physische Körper ist für den Durchschnittsmenschen heute die einzig sichtbare Realität. Für uns ist dieser Körper aber wie die letzte Instanz von vielen, oder in euren Worten ausgesprochen, wie die Spitze eines Eisberges, die aus dem Wasser ragt! Der viel größere Teil liegt für das menschliche Auge unsichtbar unter Wasser. Wir sprechen im Folgenden von Ebenen, von Körpern und werden sie nacheinander getrennt behandeln. Dadurch könnte leicht ein Mißverständnis entstehen, daß diese getrennt voneinander sind oder daß, wie z.B. bei einer Zwiebel, eine Schicht nach der anderen folgt. Das wäre nicht der Realität entsprechend, wenigstens nicht bei den drei ersten Körpern. Diese drei ersten Körper durchwirken sich vollständig. Sie existieren wie in einer Symbiose und sollten eigentlich eine Einheit bilden. Jeder der einzelnen Körper ist wichtig und bedeutend für die anderen. Keiner der ersten drei könnte ohne den anderen existieren. Jeder von ihnen beeinflußt den anderen. Es ist ein ständiges Wechselspiel untereinander. Ähnlich wie bei den Chakren hat auch jeder Körper seine ihm eigene

Schwingungsfrequenz, sein ihm eigenes Aussehen, seine eigene Ausstrahlung, Farbstrahlung und Größe. Da wir die Chakren angesprochen haben, möchten wir sogleich darauf hinweisen, daß sie mit den Körpern in enger Verbindung stehen. Die Chakren und die Körper bilden ein entscheidend wichtiges Energiesystem des Menschen, über das sehr viele Bewußtseinsprozesse ablaufen. Wir werden bei der Beschreibung der Körper auf die Verbindung zu den entsprechenden Chakren eingehen.

Warum ist es uns wichtig, gerade über dieses Energiesystem des Menschen zu sprechen? Warum legen wir so große Bedeutung darauf, werdet ihr euch vielleicht fragen? Wir möchten euch ganz klar und eindeutig antworten, weil es bei den meisten Menschen dabei ist, zu verkümmern und weil es durch alle möglichen negativen Einflüsse bedroht ist. Da der Mensch immer mehr von seiner natürlichen Lebensart abweicht, ist dieses System bedroht. Eine natürliche Lebensart für den Menschen wäre, in Harmonie mit der Natur zu leben. Damit meinen wir nicht, daß der Mensch zurück in die Steinzeit müßte. Nein, weit gefehlt! Der Mensch müßte nur lernen, in neuer Richtung zu *denken* und zu *fühlen,* und zwar in Richtung Respekt und Liebe für alles, was ihn umgibt. Erinnert ihr euch an ein einfaches universelles Gesetz, das wir im ersten Buch angesprochen haben?

Achte alle Wesen
in allen Erscheinungen und Dimensionen.

Liebe und Respekt füreinander und für die Erde, die Tiere und die Pflanzen, einfach für den gesamten Lebensraum der Erde ist vonnöten. Techniken, die diesen Lebensraum berücksichtigen, ihn nicht ausbeuten und für euren Nutzen wären, gibt es bereits zur Genüge, werden aber nicht eingesetzt oder veröffentlicht. Machtinteressen und Geldgier wollen dies verhindern. Deswegen herrschen immer noch Technologien vor, die den Menschen in seinem täglichen Lebenskomfort unterstützen, im Endeffekt aber schädlich, wenn nicht sogar tödlich für ihn sind. Dies ist eine wichtige Seite, die wir ansprechen möchten, und zwar der Angriff auf das Energiesystem durch die Umweltzerstörung. Die ständige Verschlechterung der Luft, die ihr atmet, des Wassers, das ihr trinkt und des Bodens, und dadurch die Verschlechterung eurer Lebensmittel, hat drastische Auswirkungen auf euren physischen Körper und eure anderen Körper. Dem ersten Körper wird nicht mehr ausreichend Energie zugeführt und dadurch wird eine Schwächung erreicht. Versteht ihr? Alles hat eine Auswirkung aufeinander. Eine andere Seite wäre die emotionale Belastung und der Druck, der auf dem Menschen liegt durch Streß und negative Lebensbedingungen. In Großstädten eingepfercht, in einer kleinen Wohnung lebend hasten die meisten morgens zur Arbeit, abends nach Hause. Zeit bleibt nur noch für Essen, Fernsehen und Schlafen. Dies ist kein angemessenes Leben für einen Menschen, der in Harmonie mit sich und der Welt leben möchte. Wird aber diese Art von Leben über mehrere Jahre, ja Jahrzehnte gelebt, hat dies drastische Folgen im Energiesystem. Ständiger Druck im emotionalen Bereich äußert sich früher oder später in physischer und emotionaler Krankheit. Das Energiesystem ist gestört!

Und ich frage euch, wo sind eure Poeten, wohin sind sie gegangen? Wo sind die Maler, wo die Musiker, die sich der Schönheit verschrieben haben? Sie sind wie verschwunden von diesem Planeten. Wo sind die Menschen geblieben, die gerne Unnützes tun, die andere gerne erfreuen?

Die Menschheit generell ist vollkommen auf die Materie ausgerichtet. Und das hinterläßt natürlich Spuren im Menschen. Diese Ausrichtung entspricht nicht dem Wesen des Menschen, da er viele andere Anteile in sich dadurch verleugnet und unterdrückt. Darunter leidet das Energiesystem und deswegen unser dringender Wunsch, zu euch zu sprechen, damit ihr versteht, was zu tun ist und wie ihr euch selbst helfen könnt.

Insgeheim wißt ihr dies alles selbst und doch wollt ihr es oft nicht wahrhaben, denn es hat Konsequenzen, nicht mehr dem allgemeinen Strom der materiellen Ausrichtung zu folgen und sich ihren Gesetzen zu unterwerfen. Es hat immer Konsequenzen. Vielleicht müßt ihr euren Job kündigen, weil er zu nervenaufreibend ist, vielleicht müßt ihr die Stadt verlassen und aufs Land ziehen oder ihr müßt euch von alten sogenannten Beziehungen trennen. Doch ist es noch an der Zeit, Kompromisse einzugehen? Wenn ihr euch von dieser allgemeinen Strömung löst und nach euren eigenen harmonischen Gesetzen lebt, werden wunderbare Dinge auf euch zukommen. Vielleicht nicht sofort, aber gewiß mit der Zeit, denn dann lebt ihr mehr in Harmonie mit der Erde und eurer Bestimmung.

Was ist nun die Aufgabe der Energiekörper des Menschen, werdet ihr fragen. Welche wichtigen Funktionen haben sie übernommen, daß es uns so bedeutend vorkommt, sie euch zu erklären. Die Energiekörper, der physische Körper, der Emotionalkörper, der Mentalkörper und der Spiritualkörper sind Träger von Bewußtsein. Natürlich ist jeder einzelne Körper Träger eines anderen bestimmten Bewußtseins. Alle zusammen bilden oder kennzeichnen euch als Persönlichkeit, als Mensch. Wie schon angedeutet, jeder einzelne Körper ist wichtig für die anderen. Es herrscht ein enges Zusammenspiel und Verwobensein untereinander. Informationen werden ständig hin- und hergeschickt. Insgesamt ist es ein hochkompliziertes, energetisches Gebilde, das, wenn ihr es in seiner gesamten Pracht sehen könntet, euch großen Respekt einflößen würde.

Die Energiekörper sind also Träger von Bewußtseinsenergie. Je nachdem wie diese Körper gepflegt werden, sehen sie aus und bilden sich aus. Am Beispiel des physischen Körpers ist dies am leichtesten zu erklären. Ihr müßt ihn jeden Tag reinigen, wie z.B. Zähne putzen, sonst sammelt er Schmutz an. Ebenso müßt ihr auch bestimmte Übungen tun, um ihn fit zu halten. Ihr müßt auf eure Nahrung achten usw. Der physische Körper benötigt also eure Aufmerksamkeit und Hinwendung, um ihn gut in Gang zu halten. Um so wohler fühlt ihr euch in eurem Gefährt, das euch ermöglicht, auf Erden zu wandeln. Ebenso ist es mit den anderen Energiekörpern. Je nachdem, wie sie ausgeprägt und behandelt werden, können sie ihre Dienste leisten. Je mehr ihr für sie tut, um so mehr können sie für euch tun, in einfachen Worten ausgedrückt. Je mehr ihr sie reinigt und verfeinert, um so feiner wird die Bewußtseinsenergie, die in ihnen produziert wird.

Wenn ihr mit den Augen, die für das Unsichtbare geöffnet sind, sehen könntet, würdet ihr sofort die Bewußtseinsverfassung auf diesen Ebenen bei jedem Menschen sehen können. Verstecken wäre nicht mehr möglich. Ein Vorspielen, von jemandem, der man nicht ist, wäre überflüssig und lächerlich.

Die Aufgabe des Menschen liegt darin, seine Energiekörper immer mehr zu *verfeinern*. Durch ständige Verfeinerung wird erreicht, daß diese Energiekörper immer leichter und lichterfüllter werden. Die Aufgabe des Menschen liegt ebenso darin, eine Einheit, ein gleichmäßiges Wachsen dieser Energiekörper herzustellen und dadurch Harmonie zwischen ihnen zu ermöglichen. Es ist wie mit der Ausbildung der Chakren, eure Hinwendung und Aufmerksamkeit wird benötigt, um die Körper auszubilden und um auszusortieren, welche Art von Bewußtsein ihr in euch tragen möchtet.

Die ersten drei Körper sind der Reihe nach allgemein ausgesprochen Träger von Körperenergie, Gefühlsenergie und Mentalenergie. Alle drei Arten von Energie beeinflussen sich ständig. Habt ihr körperliche Schmerzen, löst das emotionale Gefühle aus. Habt ihr auf Dauer negative Gedanken über euren Körper, so wird sich das früher oder später in Krankheit äußern. Ebenso ist es in positiver Hinsicht, ist euer Körper gesund und fit, so hat das Auswirkungen auf eure Gefühle, die sich z.B. in Spaß am Leben ausdrücken können. Habt ihr positive kreative Ideen zur Änderung und Verbesserung eurer Lebenssituation, zeigt sich dies in Gefühlen wie Mut und Freude am Risiko, so daß ihr diese Ideen auf körperlicher Ebene verwirklichen könnt. Ihr seht, alle drei Ebenen sind entscheidend und ihr reibungsloses Zusammenspiel ist wichtig für euer Gelingen auf diesen Ebenen. Da die vierte Ebene eine besondere Rolle spielt und eine etwas andere Funktion hat als die ersten drei Ebenen, erwähnten wir sie bisher noch nicht. Zunächst soviel zu den Aufgaben der Körper allgemein.

Wir senden euch unsere Liebe und unser Licht,
Sameen Al Hoskia Ra und die Weltenhüter.

Das Aussehen der Energiekörper

Wir möchten euch ein Beispiel geben. Vielleicht kennt ihr die Art von Bergkristall, die man Phantomkristall nennt. Durch eine Ablagerung von anderen Mineralien auf seiner Spitze und sein darauffolgendes Weiterwachsen ist in seinem Innersten ein genaues Abbild seiner selbst entstanden. Sie sehen aus wie ein Kristall im Kristall. Sie sind ein Symbol dafür, daß ein über sich selbst Hinauswachsen möglich ist, daß es viele Ebenen zu entdecken gibt. Ein Phantomkristall zeigt euch, daß eine auftretende Begrenzung nicht das Ende sein muß. Und sie vermitteln euch die Existenz höherer Bewußtseinsebenen.

Ebenso ist es mit euch. Euer physischer Körper ist eine Ebene, die ihr seht, aber neben dieser existieren noch andere. Hättet ihr euch nicht entschieden, nur das materiell Grobe zu sehen, könntet ihr diese Ebenen als Realität wahrnehmen. Ihr würdet dann die energetische Seite des Körpers spüren, ihr würdet die Energie des Emotionalkörpers sehen usw. *Wahrnehmung von Energiephänomenen*, das wäre die richtige Beschreibung für diese Art von Sicht. Oder man könnte es auch als Betrachten und Studieren von Energiefeldern bezeichnen. Als Beschreibung der Energiekörper kann man weiterhin die Wörter *Energiefeld* oder *Energiehüllen* benutzen.

Für ihre Ausstrahlung eignet sich am besten das Wort *Aura*. Ihr seht, jeder Energiekörper hat also auch eine Ausstrahlung, eine Aura. Eine Aura ist die elektrische Ausstrahlung der entsprechenden Körper, und in ihr zeigt sich besonders, inwieweit der Körper verfeinert ist oder in welchem Zustand er sich befindet. Ein Körper, egal welcher, ist eine extreme Verdichtung von Bewußtsein, und die Aura ist die auslaufende Ausstrahlung davon. Emotional- und Mentalkörper haben in etwa die gleiche Form wie der physische Körper, nur nicht so ausgeprägt wie dieser. Der Spiritualkörper ist losgelöst von dieser Form. Die Auren der verschiedenen Körper dehnen sich unterschiedlich weit aus. Die Aura des Emotionalkörpers ist normalerweise nicht so weit oder ausgedehnt wie die des Mentalkörpers. Dies ist aber nur durchschnittlich gemeint. Ausnahmen dieser sogenannten Regeln gibt es immer. Jeder Mensch ist so anders, hat eine eigene Geschichte und hat sich eigenständig entwickelt. In diesen Ebenen gibt es Billionen von Variationen, was es alles geben kann. Die Aura des physischen Körpers ist durchschnittlich kleiner als die des Emotional- und Mentalkörpers.

Wir möchten euch noch ein anderes Bild geben. Vielleicht macht euch das eine oder andere die Lage etwas anschaulicher. Ihr könnt euch vorstellen, wie euer physischer Körper durchwirkt ist von anderen energetischen Körpern, von denen jeder, einschließlich des physischen Körpers, eine Ausstrahlung hat. In der Ausstrahlung zeigt sich besonders deutlich der momentane Zustand der Bewußtseinsenergie, die sich im entsprechenden Körper abspielt.

Wieder vermitteln wir unserer Freundin hier ein Bild dieser Zustände, während wir die Worte übermitteln. Und wir wünschten uns, auch ihr könntet euch öffnen, ein inneres Bild zu empfangen. Versucht es einmal, jetzt.

Dies ist aber eine Übung für Fortgeschrittene, für Menschen, die unser Buch über die Chakren durchgearbeitet haben. Geht zunächst in euer Herz-Chakra und nehmt mit ihm Kontakt auf.

Aktiviert es durch eure Hinwendung. Ihr könnt es mit blauem Licht, das ihr in das Chakra hineinfließen laßt, noch mehr beschenken. Dann geht in euer Hals-Chakra und aktiviert es mit grünem Licht. Anschließend geht in euer drittes Auge und schenkt ihm rotes Licht. Laßt euch Zeit für diese innere Vorbereitung. Dann stellt euch vor, daß euer drittes Auge wie ein Laserstrahl euren physischen Körper abtastet und wie durch diesen Laserstrahl, die feineren Ebenen oder Energieebenen langsam sichtbar werden. Wir wollen uns bei dieser Übung nicht auf die Unterscheidung von den verschiedenen Körpern festlegen. Es soll lediglich eine Übung in der Schulung der inneren Sicht sein. Dies könnt ihr mit geschlossenen Augen in eurer Imagination tun oder mit geöffneten Augen, was etwas schwieriger für die meisten von euch sein wird. Nehmt euch Zeit und erwartet nichts Spezielles. Es ist lediglich eine Vorbereitungsübung für das, was kommt. Konzentriert euch auf euer drittes Auge, stellt euch euren physischen Körper vor und tastet ihn durch den Laserstrahl, der aus dem dritten Auge kommt, ab. Dieser Strahl durchdringt die physische Erscheinung des Körpers und macht noch andere existierende Ebenen eures Daseins sichtbar. Bleibt ganz entspannt, erwartet nichts Besonderes oder Bestimmtes, dies würde euch nur abhalten in der inneren Sicht. Was immer ihr dann gesehen habt, bedankt euch und sprecht euren Wunsch aus, diese innere Sicht schulen zu dürfen.

Wir bedanken uns,
Sameen Al Hoskia Ra und die Weltenhüter.

Die Energiekörper

Der erste Energiekörper

Der erste Energiekörper ist der *physische Körper* mit seiner Ausstrahlung, die *Ätherkörper* genannt wird. Der physische Körper ist wie ein immenses Kraftwerk mit vielen hochkomplizierten Funktionen und Prozessen, die alle miteinander kooperieren! Er ist ein Wunder der Natur. Eure Wissenschaftler haben bis heute noch nicht alle Funktionen oder Aufgaben des Körpers erforscht. Sie stehen vor vielen Rätseln. Zunächst einmal wissen sie nicht über bestimmte Funktionen Bescheid und dann, womit z.B. bestimmte Disfunktionen zu erklären sind. Wir müssen uns korrigieren. Auf den Schreibtischen der Wissenschaftler türmen sich Berge von Papier mit ungelösten Forschungsprojekten über den menschlichen Körper.

Habt ihr schon einmal darüber nachgedacht, was euer physischer Körper tagein und tagaus für euch leistet? Eure Füße tragen euch schon euer ganzes Leben. Euer Herz schlägt permanent. Neue Zellen bilden sich unablässig, alte Zellen werden ausgestoßen und abtransportiert. Drüsen stoßen Hormone in das Blut aus, die gewisse Reize auslösen und euch z.B. aktionsbereit machen. Nahrung wird aufgenommen, aufgeschlüsselt und verarbeitet. Neue Energie wird produziert. Über die meisten Prozesse seid ihr euch gar nicht bewußt, denn sie laufen außerhalb des Bewußtseins automatisch ab. Aber euer Körper hat Bewußtsein, ist angefüllt mit seiner eigenen körperlichen Bewußtseinsenergie! Jede Zelle, jedes Atom in euch lebt und hat sein eigenes Bewußtsein, das zusammen das große Körperbewußtsein bildet. Was bedeutet der Körper für euch? Diese Frage stellen wir ganz neutral, ohne Bewertung. Der physische Körper, der erste Energiekörper, ermöglicht euch, hier auf Erden zu existieren und Erfahrungen auf materieller Ebene zu machen. Er ist euer Gefährt. So wie ihr momentan noch ein Auto oder Flugzeug braucht, um von Ort A zu Ort B zu gelangen, so ist es für euch nötig, euch ebenso in einem Gefährt aufzuhalten, um überhaupt auf materieller Ebene existieren zu können. Der physische Körper ist also ein hochintelligentes kompliziertes Gefährt, mit dem ihr euch bewegen könnt. Es ermöglicht euch, gewisse Bewußtseinsprozesse auf materieller Ebene zu durchleben. Der physische Körper ist wunderbar! Alle möglichen Arten von Prozessen, wie chemische, elektrische, magnetische usw., laufen in ihm ab. Alles arbeitet in ihm, bei normalem Zustand, reibungslos zusammen und greift ineinander über.

Zwischendurch eine kleine Erinnerung für euch. Wir behandeln zwar die verschiedenen Energiekörper einzeln der Reihe nach, doch sie arbeiten alle zusammen und beeinflussen sich. Genauso arbeiten die einzelnen Funktionen im physischen Körper zusammen. Wie schon erwähnt, über die Mehrzahl der inneren körperlichen Prozesse seid ihr euch gar nicht bewußt und oft auch nicht darüber, was der Körper für euch leistet und wie wichtig sein reibungsloses Arbeiten ist. Meist schenkt ihr ihm erst Aufmerksamkeit, wenn euch etwas nicht gefällt oder eine Funktion in ihm nicht mehr genügend arbeitet.

Generell können wir sagen, daß der Körper von euch nicht als das erkannt wird, was er eigentlich ist und was er bedeutet. Entweder wird er unterbewertet oder überbewertet, doch meist nie richtig eingeordnet. Wie schon gesagt, er ermöglicht euer physisches Dasein auf Erden. Durch ihn könnt ihr Erfahrungen auf materieller Basis durchlaufen und ohne ihn wäre diese Art von Erfahrung nicht möglich. Er ist der Tempel, in dem ihr während der Zeit eurer Erderfahrung wohnt. Er stellt also die Basis dafür her. Er ist die Grundlage für euer Dasein! Und als dies ist er zu betrachten *und* zu achten! Doch leider ging diese Sicht bei den Menschen größtenteils verloren. Durch die generelle Ausrichtung auf die Materie wird der Körper als die einzige, die letzte, die wahre Existenz des Menschen betrachtet. Weitere Ebenen werden negiert. Dadurch wird der Mensch und sein Dasein mißverstanden. Der physische Körper als einzige Daseinsform, in der Sicht materiell ausgerichteter Menschen, wird überbetont und bekommt zuviel Gewicht. Die Sicht des Lebens ist bei diesen Menschen nicht in Balance. Dadurch entstehen äußerst viele Mißverhältnisse in den unterschiedlichen Gesellschaften. Krankheiten können z.B. nicht geheilt werden und werden misinterpretiert, Körpergefühle werden überbetont, der Tod wird falsch eingeschätzt usw. Diese Art von Menschen identifizieren sich größtenteils mit ihrem Körper und ihren Körperempfindungen. Sie meinen, sie wären ihr Körper. Sie meinen, mit der Geburt des Körpers beginnt ihr Leben und mit dem Tod des Körpers endet ihr Dasein. Doch wir sagen euch, euer Körper ist ein Teil, darüber hinaus seid ihr soviel mehr. Wieder möchten wir wiederholen, der physische Körper ist die Basis für eure Existenz hier auf Erden. Er ermöglicht euch, Erfahrungen auf materieller Ebene zu sammeln. Er ist euer Gefährt, euer Tempel!

Nun benötigt dieses Gefährt bestimmte wichtige Dinge, um seine Aufgaben erfüllen zu können. Das Leben hier auf Erden ist in den letzten Jahrzehnten und Jahrhunderten immer komplizierter geworden. Ihr würdet vielleicht sagen, es ist kultivierter geworden. Wir meinen dies nicht. Die ganzen technischen Errungenschaften sind von unserer Sicht aus eher schädlich und machen euer Leben undurchsichtiger. Die Organisation des westlichen Lebens entwurzelt den Menschen viel mehr, als daß es ihm Erleichterung bringt, was eigentlich die Aufgabe von Technik und Organisation sein sollte. Doch das Gegenteil ist der Fall und der Mensch gelangt zunehmend in eine Nebenrolle dieser Maschinerie. Durch die Technisierung und Ausrichtung auf die Materie werden dem menschlichen Gefährt, dem physischen Körper, immer mehr Grundlagen entzogen. Der physische Körper braucht zunächst einmal Luft zum Atmen, er braucht Wasser zum Trinken und Nahrungsmittel zum Essen. Das sind Basisgrundstoffe für ihn. Jeder von euch weiß das und die Befriedigung dieser Bedürfnisse läuft ganz automatisch ab. Doch wie steht es um die Luft, das Wasser und den Boden, von dem eure Nahrungsmittel kommen?

In diesem Jahrhundert wurde soviel auf der Erde zerstört wie noch niemals zuvor. Dies umfaßt alle Bereiche der Erde. Der Boden, das Wasser, die Luft ist größtenteils vergiftet, und dadurch leiden auch die Wälder und das Pflanzenreich. Die Achtung der Erde durch die Menschen ging in diesem Jahrhundert vollends verloren. Die Erde wird als ein lebloses Etwas angesehen, von der man beständig etwas wegnehmen kann. Dies scheint die Mentalität der meisten Regierenden und Industriellen zu sein. Bei ihnen herrscht die Mentalität des Wegnehmens vor. Wer am meisten wegnehmen kann, hat am meisten Macht, Geld usw. Diese Mentalität regiert im Moment über die Erde. Sie wird nicht als die Grundlage der Möglichkeit des Lebens gesehen. Sie wird nicht geachtet als ein Wesen, als ein Organismus, auf dem die Menschen zu Gast sind. Dies hat katastrophale Auswirkungen auf eure Lebensbedingungen. Ihr bekommt nicht mehr genügend von allem, was euer Körper braucht, um in seinem vollen Potential zu sein.

Eure Lungen bekommen schlechte Luft zu atmen, sie verschmutzen und werden permanent gereizt, vor allem in Großstädten. Krankheiten entstehen, von denen niemand weiß, woher sie kommen und wie sie zu behandeln sind. Das Wasser, das ihr zu trinken bekommt, hat keine Energie mehr für euch. Es ist wie tot durch die ständige chemische Behandlung, bis es aus den Wasserleitungen kommt. Jedes Thema, ob es nun um die Luft, um das Wasser, um eure Nahrungsmittel geht, wäre Thema für ein ganzes Buch. Wir können hier in diesem Rahmen nur empfehlen, euch grundsätzlich und gründlich zu informieren, was ihr für die Verbesserung dieser Basisstoffe tun könnt, und wir möchten euch sagen, alle Empfehlungen haben etwas Gutes, die auf Achtung für das Leben basieren. Dies umfaßt Achtung für die Menschen und die Erde mit allen ihren Anteilen, sei es der Boden, die Luft oder das Wasser. Es gibt bereits viele Menschen, die ihr Leben der Erforschung wahrer Verbesserung der Lebensqualität für Mensch und Erde gewidmet haben. Meist werden diesen Menschen große Hindernisse in den Weg gelegt, damit sie mit ihren Erforschungen nicht an die Öffentlichkeit treten können. Die allgemeinen Machtinteressen versuchen diese Veröffentlichungen zu verhindern, da diese Erfindungen im Endeffekt meist weit weniger Aufwand an Geld benötigen als die momentan herkömmlichen.

Da die Grundnahrung wie Wasser, Luft (auch sie zählen wir dazu) und Nahrungsmittel geschwächt ist, wenn nicht sogar tot, müßt ihr also Alternativen finden, um sie mit neuer Lebensenergie zu beleben, damit euer Körper durch sie wiederum belebt und nicht geschwächt wird. Es ist ganz klar, schwache Nahrungsmittel erzeugen im Körper schwache Energie. Euer Körper braucht aber Energie, um bestimmte

Prozesse durchführen zu können. Energie ist die Grundlage für euer Sein. Körperliche Energie wird vor allem durch Nahrungsmittel erzeugt, aber nicht nur! *Du bist was du ißt,* ist ein wahres Sprichwort. Es gibt hochschwingende Nahrungsmittel, die hochschwingende Energie in euch erzeugen und es gibt niedrig schwingende Nahrungsmittel, die niedrig schwingende Energie erzeugen. Früher war dies alles zu wissen nicht so wichtig, da es die ganzen Errungenschaften des technischen Zeitalters nicht gab. Heutzutage ist das Angebot der Nahrungsmittel überwältigend groß. Alles steht euch zur Verfügung in der westlichen Welt, doch ein Großteil dieses Angebots ist eher schädlich als nützlich. Es ist wichtig, das Gute vom Schlechten unterscheiden zu lernen. Denaturierte Nahrungsmittel unterstützen den Menschen nicht. Darunter zählen wir Nahrungsmittel in Dosen, bearbeitete Nahrungsmittel, wie weißer Reis, Zucker usw. Das Beste ist eine sogenannte einfache, klare Kost, die sich aus Nahrungsmitteln zusammensetzt, die größtenteils unbehandelt sind, wie z.B. Gemüse, Obst, unpolierter Reis etc. Wir sagen nicht, ihr müßt Asketen werden. Sondern wir sagen, ihr müßt lernen, auf euren Körper zu achten und darauf, was ihm gut tut und was ihr ihm zuführt. Wir sagen auch nicht, daß ihr bestimmte Dinge essen dürft und andere nicht. Davon sind wir weit entfernt. Doch schärft euer Augenmerk und euer Körpergefühl darauf, welche Nahrungsmittel in euch leichte Energie erzeugen und was euch müde und behäbig macht. Es entsteht ein riesiger Unterschied für den Energiehaushalt, wenn ihr z.B. ein Mittagessen einnehmt, das aus einem schmackhaften Gemüse mit Reis und Salat besteht und einem Mittagessen, das aus Nudeln mit Braten und Soße besteht. Das erste gibt Energie, das zweite nimmt eher Energie, da es für euren Organismus ein großer Aufwand ist, dies zu verdauen. Führt ihr eurem Körper auf Dauer eine leichte Kost, die alle wichtigen Grundstoffe enthält, zu, so wirkt sich das enorm auf den Körper aus. Er wird es euch danken mit Gesundheit.

Doch wie schon angesprochen, auch wenn ihr euch eine sogenannte leichte Kost zuführt, müßt ihr trotzdem bestimmte Dinge beachten. Deswegen meinen wir, das Leben auf der Erde war noch nie so kompliziert. Selbst wenn ihr gut für euren Körper sorgt, so müßt ihr doch auch sehr auf die Nahrungsmittel achten, die ihr kauft. Niemals zuvor in der Geschichte der Erde gab es Nahrungsmittel, die so vergiftet waren wie heute. Die Behandlung von Obst und Gemüse zur sogenannten Haltbarmachung hat auf Dauer katastrophale Auswirkungen auf den menschlichen Körper. Manipulationen genetischer Art an Nahrungsmitteln werden mit der Zeit Probleme erzeugen, die euer Vorstellungsvermögen bei weitem übersteigen. Deswegen betonen wir und legen euch nahe, eure Nahrungsmittel immer in Hinblick auf Reinheit und Unbehandeltheit sorgfältig auszusuchen, soweit dies möglich ist.

Der Körper ist Energie und braucht Energie. Je mehr reine Energie ihr ihm zuführt, um so leichter kann er seinen hochkomplizierten Aufgaben nachkommen. Gebt ihr eurem Körper leichte Kost, die aus hochschwingenden Nahrungsmitteln besteht, die von einem giftfreien Boden kommt und nicht mit künstlichen oder chemischen Mitteln behandelt wurde, so kann er die Nährstoffe besser und leichter aufnehmen und verarbeiten und ist nicht hauptsächlich damit beschäftigt, Giftstoffe auszuscheiden. Leider ist es aber heute der Hauptzustand und die Hauptarbeit des menschlichen Körpers, Giftstoffe zu verarbeiten und auszuscheiden, womit er völlig überlastet ist. Dies ist der Hauptgrund für unzählige Krankheiten, und noch mehr werden folgen, wenn nicht eine Änderung im Bewußtsein eintritt. Eine Änderung des Bewußtseins wird erfolgen, wenn der Mensch insgesamt auf die Ebene des Herz-Chakras gelangt. Dann wird es nicht mehr möglich sein, die Erde auszulaugen und auszubeuten oder unzählige Tiere in Käfige zu sperren, mit dem einzigen Sinn des Fleischgewinns.

Ihr müßt Alternativen schaffen, zur Verbesserung eurer Lebensqualität. Noch nie war es so wichtig für das Wohlgefühl des Menschen, genau zu beachten, was man ißt, was man trinkt und welche Luft man atmet. Diese Dinge fordern von jedem von euch Aufmerksamkeit. Ihr solltet sie in nächster Zeit genau betrachten und euch überlegen:

- Welche Art von Nahrungsmitteln führe ich mir zu? Gibt die Art meiner Ernährung mir Energie oder fühle ich mich hinterher schlapp und müde?

- Wie wohne ich? Bin ich zufrieden und fühle ich mich wohl an diesem Platz? Ist meine Wohnung ein Platz der Energie für mich?

Zu einem erfüllten Leben gehört die Beachtung dieser Dinge. Sie sind wie der Ausgangspunkt, wie die Basis dafür. Und wir raten, in euch hineinzusehen und euer Leben so einzurichten, wie es gut für euch ist. Das zieht oft Konsequenzen nach sich, doch was bleibt euch übrig, als nach eurem eigenen Inneren zu gehen. Vielleicht ist die Konsequenz, von der Großstadt auf das Land zu ziehen, wo die Luft besser ist, oder die Konsequenz ist, eine andere Wohnung in der Stadt zu suchen. Scheut euch nicht vor solchen Entscheidungen, sondern bedenkt, daß dies Entscheidungen über Basisbedürfnisse sind, die unbedingt erfüllt werden müssen, damit ihr noch viel größere Entscheidungen in ganz anderen Dimensionen treffen könnt.

Wir sind nicht für Armut und Leiden und meinen, daß dies der Mensch nicht hinnehmen *muß*. Wir sind für Freude, Glück und Reichtum auf allen Ebenen. Und wir meinen, daß die Menschheit aus dem Vollen schöpfen könnte, wenn sie nur wollte. Dazu wäre eine Richtungsänderung nötig, die bei jedem einzelnen Bewohner dieser Erde eintreten muß.

Wir meinen immer noch,
die Erde könnte ein Paradies sein!

Stellt euch vor, die Erde wäre nicht so verwundet oder besser noch, sie ist so wie sie ist, aber jede Regierung und jeder einzelne Mensch handelt in Richtung Heilung der Erde. Keine Wälder werden mehr abgeholzt und keine Flüsse mehr in Kanäle umgewandelt. Es gibt keine stinkenden Fabriken, keine lauten Flugzeuge und Autos. Dafür gibt es eine Art der Energieerzeugung, die es euch ermöglicht, ebenso um den Erdball zu reisen, aber ohne ihn zu verschmutzen. Dafür wird verstanden, daß der Weg eines Flusses immer in Windungen geschieht, da er sich der Energie des Bodens anpaßt. Überall gibt es Schulen, wo jeder, der will, über die Gesetze und die Weisheit der Natur aufgeklärt wird, so daß er sie besser versteht. Technik zu produzieren, die sich der Natur anpaßt und mit ihr in Einklang lebt, wird überall gefördert. Manche Dinge würde es dann wahrscheinlich nicht mehr geben, an die ihr euch gewöhnt habt, aber dafür würde es weit mehr Verbesserungen geben, die ihr jetzt noch gar nicht kennt. Wie schon gesagt, es sind bereits viele Techniken durch mutige Menschen produziert worden, die im Einklang mit der Natur stehen, doch es wird versucht, ihre Verbreitung zu verhindern. Noch will die Machtgier einiger weniger nicht, daß diese wahren Verbesserungen der Lebensqualität an die Öffentlichkeit geraten. Durchaus könnte ab diesem Moment die Wende für die Menschheit eintreten, allein durch Einsicht und Aufklärung. Bis dies im großen Rahmen geschehen kann, liegt es an euch, Dinge für euch und eure Freunde einzuleiten, die diese Wende vorbereiten. Es liegt an euch, euch Hilfsmittel zur Verfügung zu stellen, um das Trinkwasser und die Luft in eurer Wohnung zu verbessern. Es liegt an euch, daß ihr qualitativ gute Nahrungsmittel aussucht. Ihr müßt eure Bewußtseinsarbeit auf all diese Dinge richten. Früher war das nicht so notwendig und eher nebensächlich, da es die heutigen Probleme und die heutige Verschmutzung nicht gab. Doch jetzt ist es an der Zeit, diese Dinge zu beleuchten. Es gibt bereits viele Möglichkeiten, wie ihr euch und euer Umfeld vor negativen Einflüssen schützen und euch dadurch stärken könnt. Die Menschheit leidet sozusagen an einem riesigen Energieverlust, der durch die momentanen Lebensbedingungen entsteht, und es gilt das Ruder umzudrehen, weg von der Richtung Energieverlust in Richtung auf *Energiezustrom*. Wie dies geht, so hoffen wir, haben wir euch ausführlich erklärt im vorliegenden Text.

Um euch bei der Auswahl der Hilfsmittel zur Verbesserung eurer Lebensqualität und der der Erde zu unterstützen, möchten wir noch einmal einen Ratschlag geben. Die Hilfsmittel sind gut, deren Erfinder ein ganzheitliches Weltbild, wenn nicht sogar ein Verständnis des Kosmos, erreicht haben und die zum Wohle dieses Welt- oder Kosmosbildes arbeiten. Nur wer die Zusammenhänge im großen auch im kleinen erkennt, ist ein wahrer Forscher! Nur wer aus Liebe zur Menschheit und zur Erde heraus forscht, kann wahre Verbesserungen erschaffen. Diese Forscher bekommen dann die ganze Unterstützung der Existenz, da sie in Harmonie mit ihr arbeiten. Sie spüren sie haben eine Aufgabe, die es unbedingt zu tun gibt. Der Hintergrund, warum sie diese Aufgabe auf sich nehmen, ist nicht Geld oder Prestige, sondern Berufung. Unser Interesse ist es, daß euch alles zur Verfügung steht, was euch im täglichen Leben unterstützt und stärkt, damit direkt bei euch die Wende eingeleitet wird. Noch arbeiten alle *wahren* Forscher der Welt einzeln oder nur in kleinen Gruppen zusammen. Es sollten Plätze entstehen, wo alle wahren Errungenschaften der Welt an einem Ort gesehen werden können.

Beginnt ihr *für* euch zu arbeiten, beginnt ihr *für* euch in dieser Art und Weise, wie wir es eben beschrieben haben, zu gehen, so wird es euch euer ganzes Energiesystem danken auf die Art, daß ihr einfach mehr Energie zur Verfügung haben werdet. Mit der Zeit werdet ihr so eine insgesamte Stärkung eures Systems erlangen.

Nun zurück zu unserem eigentlichen Thema, dem ersten Energiekörper des Menschen. In der Art und Weise, wieviel Energie dem physischen Körper zur Verfügung gestellt wird, durch alle Komponenten, die wir bereits genannt haben, ist er energetisch stark oder schwach. Natürlich spielen hierbei noch viele andere Faktoren mit, wie z.B. vererbte Faktoren, die Gesamtkonstitution usw. In der Art und Weise, wie stark der Energiefluß im Körper ist und wie stark der Austausch von Energie zwischen den einzelnen Organen stattfindet, in der Art ist der *Ätherkörper* ausgebildet. Er ist also die elektrische Ausstrahlung des physischen Körpers oder besser noch das Magnetfeld des physischen Körpers. Der Ätherkörper durchdringt den gesamten physischen Körper und erstreckt sich je nach Stärke von 1 bis 5 bis 10 cm über ihn aus. Im Bereich des physischen Körpers ist der Ätherkörper stärker verdichtet als an seinen äußeren Enden und man kann sagen, daß der Ätherkörper eine eigene Ausstrahlung oder Aura hat, obwohl die Aura nur die auslaufende Energie der jeweiligen Körper darstellt. Alle folgenden Energiekörper, einschließlich des Ätherkörpers sind rein *elektrische* Gebilde und nicht-materiell. Beim Betrachten des Ätherkörpers zeichnet sich also in etwa die Form des physischen Körpers ab. Im Bereich des physischen Körpers zeichnet sich ein starkes dichtes Energiegebilde ab, das über diese Form nach außen ausstrahlt.

Meist wird der Ätherkörper als ein Lichtdoppel des physischen Körpers gesehen, das in hellem, weißem oder gelbgoldenem Licht erscheint. Bei intensiver Betrachtung zeigt sich der momentane Zustand ab, in dem sich der physische Körper befindet und zwar in Form von Farbschattierungen. Diese Farbschattierungen ändern sich im Laufe des Tages, je nachdem, ob der Körper in einem aktiven, passiven oder ausgeglichenen Zustand ist. Ein gesunder Körper zeichnet sich im Ätherkörper als ein vollkommen durchwobenes, gleichmäßiges Lichtgebilde ab. Schattierungen zeigen Störungen des physischen Körpers an. Leichte zarte Schatten zeigen, daß es sich vorerst nur um eine Schwächung des physischen Körpers handelt. Je stärker und tiefer die Schatten sind, um so ausgeprägter ist die bestehende Krankheit. Diese Schatten werden vom Betrachter auch oft wie Löcher oder Risse im Ätherkörper wahrgenommen. Ihr seht nun, warum wir meinten, daß der Zustand des physischen Körpers im Ätherkörper leicht und schnell abzulesen ist, wenn man diese Sicht erst einmal erworben hat. Im Ätherkörper zeichnet sich also immer die momentane Phase oder der Aktivierungszustand des Körpers ab und ob er gesund ist oder nicht.

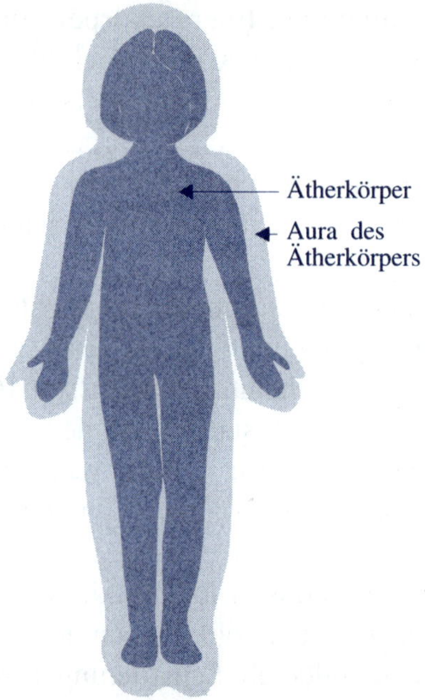

Die Aufgaben des Ätherkörpers sind sehr bedeutend. Viele wichtige Prozesse finden in ihm statt und außerdem ist er Träger und Aufenthaltsort der Chakren, wie schon im ersten Buch erwähnt. Noch einmal, je stärker und gesünder der physische Körper ist, um so stärker ist der Ätherkörper und um so besser kann er seine Aufgabe erfüllen. Was sind nun diese Aufgaben? Er hat zwar viele, doch die wichtigste ist, das Abhalten von Störenergien. Damit meinen wir alle Arten von schädlichen Eindringlingen, die in das System des Körpers gelangen wollen, wie z.B. Bakterien und Viren. Doch heutzutage hat sich die Zahl der schädlichen Eindringlinge weitaus vergrößert, da der ganze Bereich der Umweltverschmutzung dazugehört. Der Ätherkörper sollte in erster Linie wie ein Schutzfeld fungieren. Ein geschwächter physischer Körper mit einem geschwächten Ätherkörper ist also anfälliger für neue Krankheiten, da durch den Ätherkörper leichter negative Einflüsse eindringen können. Bei einem starken Ätherkörper haben negative Einflüsse wie z.B. Bakterien oder Viren keine Chance. Entweder sie prallen ab oder werden über den physischen Körper sofort ausgeschieden. Bei schädlichen Umwelteinflüssen wie z.B. radioaktiver Bestrahlung ist es wieder anders. Hier kommt es darauf an, inwieweit der Körper gefestigt ist und wie die Grundeinstellung zum Leben ist. Ihr habt vielleicht von den Menschen gehört, die im Einzugsgebiet von Hiroshima lebten, als die Atombombe fiel und bei denen keine atomaren Verseuchungen festgestellt wurden. Dies waren durch die Reihe Menschen und Mönche, die sich mit einfacher Nahrung ernährten und die eine meditative Einstellung besaßen. Sie lebten bereits ihr ganzes Leben auf diese Art, was besagt, daß ihre Gesamtkonstitution gefestigt war. Diese Konstitution war so stark, daß sie sogar von für den Menschen normalerweise tödlichen radioaktiven Strahlen nicht beeinträchtigt wurde! Dies ist ein Beispiel dafür, wie stark ein menschlicher physischer Körper und Ätherkörper sein kann, doch dazu gehört auch, daß die folgenden Körper in gewisser Art und Weise stark sind. Ist ein physischer Körper geschwächt, so lebt er also in einem schwierigen Stadium, da er in dieser Zeit neue Krankheiten schlechter abwehren kann. Wir sagten bereits, daß die Konstitution des physischen Körpers sehr gut im Ätherkörper abzulesen ist. In ihm zeigen sich Schwächungen einzelner Organe und Bereiche, die sich auf physischer Ebene noch gar nicht abgezeichnet haben. Wären mehr Ärzte geschult in dieser inneren Sicht, so könnten bereits im Vorstadium die meisten Krankheiten verhindert werden. Doch gibt es schon Geräte, die den Energiestrom der einzelnen Organe messen und vorhandene Schwächungen aufzeigen können. Somit gibt es bereits technische Apparaturen für Ärzte, auf die sie zurückgreifen könnten. Aber die meisten Ärzte sperren sich im Moment noch allein gegen die Annahme eines Ätherkörpers, in dem man Krankheiten feststellen kann. Ihre gesamte Lebenseinstellung ist noch zu sehr auf die rein materielle Ebene ausgerichtet, als daß sie dies akzeptieren könnten. Sie wären gezwungen ihre Sicht zu erweitern und sich einzugestehen, daß ihre bisherige Sicht sehr begrenzt war. Das geht gegen das herrschende Ärzte-Ego und sie wehren sich als Gruppe dagegen. Aber sie bekommen bereits jetzt sehr viel Druck von allen Seiten, der in den nächsten Jahren immer größer werden wird. Ärzte wären also nicht einmal gezwungen, ihre innere Sicht zu schulen, sie könnten schon jetzt auf Geräte zurückgreifen, die mit diesen Ebenen wie dem Ätherkörper oder dem Energiefluß arbeiten.

Eine weitere wichtige Aufgabe des *Ätherkörpers* ist es, wie ein Bindeglied zwischen dem physischen Körper und den folgenden Körpern zu sein. Über ihn gelangen die Informationen der feinstofflichen, nicht-materiellen Ebene in die materielle Ebene, den physischen Körper. Dies wird unterstützt durch die Chakren, die eine Verankerung der feinstofflichen

Ebenen an den physischen Körper herstellen und deren Sitz im Ätherkörper ist. Über die Chakren ist der physische Körper also verbunden mit den weiteren Energiekörpern. Informationen können also zwischen den Energiekörpern hin-und herfliessen und bis in die materielle Ebene geleitet werden. Die Chakren sind auf physischer Ebene mit den endokrinen Drüsen verbunden, die die feinstofflichen Informationen in Körperreaktionen umwandeln können. Es ist ein komplexes, wunderbares System. Das erste und zweite Chakra sind mit dem physischen Körper verbunden und führen dieser Ebene des Menschen Energie zu. Würden die ersten zwei Chakren aus irgendeinem Grund nicht mehr arbeiten, wäre physisches Leben nicht möglich!

Ihr seht die Bedeutung des ersten Energiekörpers. Er ermöglicht euch hier auf Erden zu wandeln, zu fühlen, zu denken und euch zu transformieren. Er ist eure Grundlage, euer Tempel, den es gut zu pflegen und zu hüten gilt. Er ist die Voraussetzung für eure Existenz. Daraus folgt, daß ihr ihn mit Liebe und Respekt behandeln und ihm das geben solltet, was er braucht. Wir hoffen, euch dies ausführlich dargelegt zu haben, so daß ihr nun dementsprechend handeln könnt, wenn ihr es nicht schon tut. Wir hoffen, daß ihr euch um eure materielle Existenz konsequent kümmern werdet, indem ihr eurem Körper die Nährstoffe gebt, die ihn unterstützen und ihn wirklich aufbauen. Wir hoffen, daß ihr euren Wohnplatz so gestaltet, daß er ein Ort des Friedens und der Energie ist. Und wir hoffen, daß ihr verantwortungsvoll mit der Erde und ihrem Energiereservoir umgeht. Dies alles ist nötig, um die Voraussetzung für euch und die Erde zu schaffen zum Überleben im positiven Sinn und um weitere höhere Ebenen der Erfahrung möglich zu machen.

Auch in diesem Buch möchten wir Übungen anbieten, die es erleichtern, direkt in Kontakt mit euch selbst zu gelangen. Wieder werden wir mit Meditationsübungen und mit Affirmationen arbeiten, die sich denen im ersten Buch ähneln. Falls ihr das erste Buch nicht durchgearbeitet habt, so könnt ihr doch mit diesen Übungen hier beginnen. Für die Affirmationen nehmt circa 15 Minuten Zeit. Sprecht sie direkt nach dem Aufstehen am Morgen oder am Abend und beobachtet dabei, wie sie auf euer Innerstes wirken. Beobachtet euch in dieser Zeit gut. Vielleicht führt ihr ein Tagebuch darüber, was durch die Affirmationen ausgelöst wird. Natürlich werden sich widersprechende Gedanken und Gefühle hochkommen. Akzeptiert dies und laßt es zu, doch fokussiert euch auf die neue Richtung, die die Affirmation bestimmt. Somit signalisiert ihr die Bereitschaft, an euch zu arbeiten in Hinblick auf Veränderung und Positivität. Nehmt euch wirklich ausreichend Zeit dafür. Es ist eure Zeit, die ihr für euch einsetzt!

Ebenso ist es mit den Meditationsübungen. Wenn ihr wollt, so könnt ihr selbst ein Band mit dem Text der Meditationsübungen besprechen, damit es euch am Anfang leichter fällt zu entspannen. Besprecht dieses Band langsam und mit ruhiger Stimme. Doch ihr solltet es nicht auf Dauer hören. Das Wichtigste ist eure eigene innere bewußte Kontaktaufnahme mit den Chakren oder den Energiekörpern. Beim Hören eines Bandes entspannt ihr zwar, aber dies allein ist nicht wichtig. Wichtig ist, nicht einer äußeren Stimme zuzuhören, sondern sich von der inneren bewußten Stimme im eigenen Tempo führen zu lassen. Wenn ihr dies tut, werdet ihr bemerken, daß eure Gedanken zwischendurch immer wieder abschweifen. Sobald ihr dies merkt, macht einfach da weiter, wo ihr aufgehört habt und macht euch wegen eurer gedanklichen Exkursion keine Vorwürfe.

Außerdem schlagen wir vor, daß ihr die Übungen und Affirmationen natürlich nur einmal ausprobieren könnt, daß aber eine dreiwöchige Dauer das Beste für eine grundlegende Veränderung ist. Drei Wochen sind kein oberstes Limit, aber fast ein unterstes. Erst dann könnt ihr frühestens beurteilen, ob diese Übungen etwas in euch bewirken oder nicht. Wenn ihr bemerkt, daß ein Energiekörper oder ein Chakra besonders viel Aufmerksamkeit benötigt, so könnt ihr die Übung zeitlich soviele Wochen praktizieren, wie es für euch richtig erscheint. Aber auch hier gibt es irgendwann eine Zeit, wo man loslassen und weitergehen muß. Eure innere Aufmerksamkeit ist dabei angesprochen.

Die beste Zeit für inneres Erforschen ist morgens nach dem Aufstehen und abends bei Sonnenuntergang oder vor dem Schlafengehen. Gestaltet den Raum, in dem ihr eure Meditationen macht, festlich. Zündet eine Kerze an, stellt eine Blume auf und riecht vielleicht einen entspannenden Duft. Gestaltet einfach alles so, daß es schön und besonders ist. Dies wird euch trainieren darin, daß es etwas Angenehmes ist, sich mit sich selbst zu beschäftigen.

Die **Affirmation** für den ersten Energiekörper ist:

Ich, ... (setzt hier euren Namen ein), habe
einen gesunden und starken physischen Körper.
Ich höre nun auf die Stimme meines Körpers
und lasse mich von ihr leiten.

Die **Meditationsübung**:

Nachdem ihr die Affirmation in euch habt wirken lassen, setzt euch aufrecht auf den Boden eures Zimmers oder in einen bequemen Stuhl. Wichtig ist, daß ihr aufrecht sitzt, ohne euch zu verkrampfen. Wenn euch dies schwer fällt, legt euch hin und schließt die Augen. Zu Beginn jeder Meditationsübung werden wir wieder eine Reise durch den Körper zur Entspannung machen. Hierzu könnt ihr immer diesen ersten Teil nehmen:

Teil 1:

Stellt euch vor,
wie sich eine Wärme in
den Fußspitzen ausbreitet und
die Füße langsam ausfüllt.
Eine Welle aus Wärme,
füllt die Füße auf
und schwappt sanft über die Knöchel
in die Waden hoch.
Die Muskeln der Waden
entspannen sich,
nehmen die Wärme auf,
lassen sich durchdringen,

so daß die Welle der Wärme
sanft weiter hochsteigen kann
über die Kniescheiben,
in die Oberschenkel.
Diese entspannen auch,
werden warm und angenehm schwer.
Die Wärme hat sich nun in den
Beinen vollkommen ausgebreitet
und sie berühren sanft den Untergrund.

Jetzt kann die Wärme
weiterfließen über das Gesäß
in den Unterleib.
Sanft wogt die Wärme
in den Unterleib hinein
und füllt ihn aus.
Dort entspannen sich alle
Organe und die Muskeln des Gesäßes.
Der Atem gelangt nun leichter
und tiefer bis hinunter in
den Unterleib.

Die Wärme steigt
weiter über den Nabel
in den Solarplexusbereich.
Die Organe dort entspannen sich,
sie werden weich und warm.
Der Magen, die Milz, die Leber,
die Galle, die Bauchspeicheldrüse,
all diese wichtigen Organe
entspannen sich, lassen los und
werden warm.

Auch hierhin gelangt der Atem
leicht und mühelos.

Die Wärme füllt nun
den gesamten Brustkorb auf und
Entspannung gelangt auch in
diesen Bereich.
Die Lungen und das Herz
werden durchspült und aufgefüllt
mit dieser Wärme
und werden so ganz weich und leicht.
Die Atmung ist angenehm tief
und vollzieht sich ohne Anstrengung.
Anspannungen in diesem Bereich fallen
mühelos ab und der Körper freut sich
über diese Art der Entspannung.

Die Welle der Wärme kann nun weiter
über die Schultern
in die Arme, bis vor in die
Fingerspitzen dringen.
Die Muskeln und Sehnen werden
durchdrungen mit Wärme und
bedanken sich dafür mit Entspannung.
Die Hände werden
aufgefüllt mit Energie.

Jetzt ist es Zeit,
daß die Wärme hochdringen kann
über den Nacken in den Kopf.
Die Muskeln des Nackens
entspannen sich und lassen los,

und die Welle der Wärme
kann in den Kopf vollkommen eindringen.
Sie dringt bis in die letzte Zelle dort vor.
Die Kopfhaut entspannt sich,
ebenso das Gesicht.
Die Stirn und die Augen- und Mundpartie
werden aufgefüllt mit Wärme und
selbst das Gehirn wird davon durchdrungen.

Die Welle der Wärme
hat jetzt euren ganzen Körper erfüllt,
der sich leicht, weich
und entspannt anfühlt.

Teil 2:

Nun, da euer Körper
in einem Zustand der
Harmonie, Entspannung
und des Friedens ist,
können wir zum zweiten Teil
der Übung fortschreiten.

Bittet darum, noch tiefer in
Kontakt mit eurem physischen Körper
treten zu dürfen.
Begrüßt ihn,
sagt "Hallo" zu ihm und
sprecht innerlich den Wunsch aus,
ihn tiefer erfahren zu dürfen.
Diese Art der Kontaktaufnahme
ist sehr wichtig

und signalisiert euren Respekt
für diesen Teil von euch,
euren physischen Körper.
Dringt nun mit eurem Bewußtsein
noch tiefer in den Körper ein.
Dies kann wieder schrittweise
von unten nach oben geschehen.
Nehmt also Kontakt auf
mit euren Füßen und Beinen.
Spürt dort die Knochen,
die Muskeln und Sehnen,
aber auch die Blutbahnen,
die Nerven und die Haut.
Dringt ganz vor in diesen Teil eures Körpers,
der euch das ganze Leben lang getragen hat!
Seid konzentriert und aufmerksam und
bedankt euch dann bei euren Beinen.

Jetzt geht ein Stück weiter hoch
in den Unterbauch.
Auch hier betrachtet ihr aufmerksam und
andächtig, was ihr wahrnehmt.
Dringt mit eurem Bewußtsein vor
bis in den Darm,
sagt vielleicht "Hallo" und bedankt euch für die
bisher geleistete Arbeit.
Sensibilisiert euch für das Geschehen
in diesem Teil eures Körpers.

Dann nehmt Kontakt auf mit dem Oberkörper,
dringt mit eurem Bewußtsein in ihn ein.
Nehmt das Schlagen des Herzens wahr und

das Auf und Ab des Atems.
Schärft euer Bewußtsein
für dieses automatische Geschehen
eures Körpers,
das soviel für euch zu bedeuten hat.
Fühlt das Rauschen des Blutes in euren Adern
und das Atmen der Haut.
Bedankt euch bei diesem Teil eures Körpers.
Ihr könnt speziell einem Organ,
das euch ganz besonders wichtig erscheint
eure ganze Aufmerksamkeit widmen.

Zum Schluß geht hoch zu eurem Kopf,
in dem sich eine so wichtige Schaltzentrale
des Körpers befindet.
Nehmt Kontakt auf mit dem Gehirn und
energetisiert es mit eurer Aufmerksamkeit.
Fühlt die Funktionen und Verbindungen
in eurem Kopf.
Fühlt die Augen,
die euch sehen lassen,
fühlt den Mund,
der euch schmecken läßt
und die Ohren,
die euch hören lassen.

Seht und fühlt das Wunder eures Körpers!
Er ist wahrlich euer Tempel,
dem ihr eure Liebe schenken solltet.
Wenn ihr ganz wach und klar seid,
werdet ihr mit der Zeit die eigene Stimme
eures Körpers hören können und

werdet wissen, was ihr für ihn tun könnt,
damit es ihm noch besser geht.

Diese Übung könnt ihr
von Mal zu Mal vertiefen,
indem ihr immer mehr
in die einzelnen Organe vordringt,
bis in das letzte Atom,
bis in die letzte Zelle hinein.

Doch nun möchten wir
noch ein Stück weitergehen.
Nun bittet euren Körper
Kontakt aufnehmen zu dürfen
mit seinem Magnetfeld,
dem Ätherkörper.
Bittet innerlich um die Erlaubnis,
dieses Energiegeschehen wahrnehmen zu dürfen.
Seid ganz wach,
seid ganz sensibel.
Vielleicht seht ihr nicht gleich etwas,
doch vielleicht fühlt ihr etwas.
Eure ganze Aufmerksamkeit
ist gefordert.
Laßt euch Zeit.
Seid mit eurer Wahrnehmung
in leichtem Abstand über dem Teil des Körpers,
dem ihr Aufmerksamkeit schenkt.
Wenn ihr also im Bereich des Herzens seid,
schwebt ihr mit leichtem Abstand
aufmerksam darüber.
Ihr habt nun Kontakt mit dem Ätherkörper.

Es ist eine neue Art der Sichtweise.
Ihr nehmt reine Energie wahr,
ohne materielle Form.
Betrachten von reiner Energie erfordert
am Anfang große Feinfühligkeit,
große Wachheit.
Der Ätherkörper ist wie ein sanfter,
doch machtvoller Mantel,
der den physischen Körper umschließt.
In ihm zeigt sich die Kraft der Organe,
der Blut- und Nervenbahnen,
in ihm zeigt sich das ganze Geschehen
des Wunderkraftwerks Körper.
In ihm zeigt sich auch,
wie weit der Körper über die materielle Form
hinaus ausstrahlen kann und
daß das Ende der Form noch lange nicht
das Ende des Seins und des Lebens ist.
Übt euch in dieser Sicht.

Bedankt euch bei
eurem physischen Körper noch einmal.
Bedankt euch bei der Existenz
für euer physisches Dasein
und kommt dann langsam mit eurem Bewußtsein
wieder zurück an den Ort eures Zimmers.

Die Weltenhüter.

Der zweite Energiekörper

Der zweite Energiekörper des Menschen ist der *Emotional-* oder *Astralkörper.* Er ist Träger von Bewußtseinsenergie im emotionalen Bereich. Alle Arten von Emotionen, Gefühlen und Empfindungen werden in ihm produziert. Je nachdem wie der jeweilige Mensch sich entwickelt und verfeinert hat, sieht der Emotionalkörper aus. Die Spannbreite der Möglichkeiten des Aussehens ist unendlich groß. Jeder Mensch kreiert sein eigenes Energiefeld in und um sich herum. Jeder Mensch gestaltet es selbst, ob er sich darüber bewußt ist oder nicht, spielt keine Rolle. Doch durch Bewußtsein kann dieses Energiefeld, das aus allen Energiekörpern geschaffen wird, verfeinert und ausgebildet werden.

Der Emotional- oder Astralkörper ist also Träger von emotionaler Bewußtseinsenergie und ist rein energetischer, rein elektrischer Art. Er ist in etwa so groß wie der physische Körper, meist etwas größer, aber wie schon erwähnt, auch hier gibt es Abweichungen. Der Emotionalkörper durchdringt mit seiner Energie vollkommen den physischen Körper und ist mit ihm über das dritte und vierte Chakra verbunden oder besser ausgedrückt, verankert. Die Energie des Emotionalkörpers ist feiner als die Materie des physischen Körpers, egal wie der Emotionalkörper ausgebildet ist. Generell ist die Energie des Emotionalkörpers feinstofflicher, deswegen die Möglichkeit der Durchdringung des physischen Körpers.

Man kann sagen, daß der zweite Energiekörper eine konzentrierte Ansammlung emotionaler Bewußtseinsenergie ist. Die Aura des Emotionalkörpers, die Ausstrahlung dieser Verdichtung von Energie, reicht weit über ihn hinaus und ist natürlich wieder abhängig von der Art der Energie in diesem Bereich und von der Verfeinerung. Doch immer überstrahlt sie die Form des Emotionalkörpers und läßt sie hinter sich. Sie wird oft wie eine ovale Hülle, die den physischen Körper vollkommen umgibt, wahrgenommen. Die energetischen Prozesse des Emotionalkörpers spiegeln sich aufregend in dieser Ausstrahlung. Wir werden später näher darauf eingehen.

Welche Aufgaben und Funktionen hat nun der Emotionalkörper? Zunächst einmal ist er Produzent von Emotionen. Ohne ihn könnte der Mensch nicht fühlen und wäre ein rein materielles Wesen. Natürlich werden Gefühle auf unterschiedliche Art hervorgerufen, wie z.B. durch chemische Prozesse im Körper, aber daß Gefühle als Gefühle wahrgenommen werden können, ist die Leistung des Emotionalkörpers. Der Mensch ist ein kompliziertes Wesen und setzt sich aus vielen unterschiedlichen Funktionen zusammen. Die Funktion des Fühlens spielt sich im Emotionalkörper ab. In ihm haben sich die ganz speziellen Gefühlsmuster jedes Menschen herausgebildet, die für die Persönlichkeit oft kennzeichnend sind. Jemand ist sehr verschlossen anderen gegenüber, jemand anderes sehr offen, oder jemand ist sehr freundlich und wieder jemand anderes ist sehr leicht gereizt. Grundtendenzen im Gefühlsbereich wurden im Emotionalkörper geformt und festgelegt im Laufe der Inkarnationen und werden so lange gelebt, bis sich der Mensch entscheidet, sie aufzulösen und zu transformieren.

Der zweite Energiekörper ist ein feines, elektrisches Gebilde, das sich je nach Art der Verfeinerung dieses Körpers zeigt. Ist ein Mensch generell in eher groben Gefühlen verhaftet wie permanenter Aufgewühlt- und Erregtheit, Aggressionen, Wut oder Haß, um so verdichteter ist das Energiegebilde des Emotionalkörpers und es zeigt sich in umherschwirrender, flammender Energie. Ein Mensch mit einem Hang zu Verdrossenheit, Melancholie oder Depression hat einen Emotionalkörper, der wie hinter Nebel verhangen oder milchig grau erscheint. Je mehr sich ein Mensch seinem Gefühlsbereich zuwendet und ihn reinigt von negativen Gefühlsmustern, um so klarer, durchsichtiger und feiner wird das Energiegebilde des Emotionalkörpers. Ihr seht also, jede Art von Gefühlen erzeugt ein energetisches Bild im Emotionalkörper und in seiner Aura. Seher können dieses Spiel oder diesen Tanz des Emotionalkörpers leicht erkennen und deuten. Doch auch wenn ihr dieses Spiel nicht mit den physischen Augen sehen könnt, fühlt ihr doch sehr schnell, wie es um einen Menschen gefühlsmäßig steht. Das geschieht über die energetische Ausstrahlung des Astralkörpers dieser Person und durch eure Aufnahme und euer Erspüren dieser energetischen Schwingungen. Jedes Gefühl erzeugt nicht nur ein Bild im Emotionalkörper, sondern auch eine Schwingung, die über den Körper und die Aura ausstrahlt. Gefühle erzeugen Strom, genauso wie der Blutfluß in euch Strom erzeugt. Ihr kommt z.B. in einen Raum, in dem eine festliche Stimmung herrscht. Er ist schön vorbereitet, Kerzen brennen, Blumen verströmen ein köstliches Aroma. Die Menschen, die sich dort aufhalten, meditieren und versuchen in Kontakt mit ihrem Herzen zu sein und vom Herzen aus mit anderen Kontakt aufzunehmen. Ihr könnt in dieser Atmosphäre entspannen und euer Gefühlskörper kann sich ausdehnen und von eventuellen Spannungen loslassen. Die Energie, die in diesem Raum erzeugt wurde, ist erfüllt mit Liebe, Achtung und Respekt füreinander. Ein sogenannter harmonischer Strom wurde erzeugt. Ein anderes

Beispiel wäre z.B. ein überfülltes Kaufhaus mit hektisch hin- und herlaufenden Kunden, die nach dem billigsten Kaufangebot suchen. Diese Atmosphäre ist erfüllt mit Unruhe, Aggression und Gier und erzeugt in euch, wenn ihr nicht ebenfalls hektisch werdet, Abgeschlagenheit, Müdigkeit und vielleicht sogar Trauer. Ein sogenannter disharmonischer Strom wurde durch die Gefühlsentladungen der Menschen erzeugt.

Gefühle erzeugen also Strom. Sie bestehen aus Energie und erzeugen Energie. Ihr werdet von der Energie eines anderen Gefühlskörpers angezogen, wenn er euren Mustern entspricht oder ihr werdet abgestoßen oder ihr steht ihm gleichgültig gegenüber. Dies geschieht ohne je ein Wort mit diesem Menschen gesprochen zu haben und ohne ihn vorher je gesehen zu haben. Es vollzieht sich auf rein energetische Art über die Emotionalkörper zweier Menschen. Besteht Anziehung, wird ein schnelles Kennenlernen entstehen, besteht Abstoßung so kann ein früheres oder späteres Kennenlernen entstehen, besteht Gleichgültigkeit geht jeder seiner Wege, ohne sich je Gedanken darüber zu machen und ohne die Notwendigkeit etwas miteinander zu tun zu haben.

Anziehung zweier Menschen im Gefühlsbereich geschieht, wenn Gefühlstendenzen und -muster sich entsprechen. Dies ist sehr vielschichtig. Die einfachste Möglichkeit ist, zwei freudige Menschen, die beide an sich arbeiten, lernen sich kennen und unterstützen sich gegenseitig. Ihre Grundtendenz "Freude am Leben" und "Liebe und Achtung" haben sie zusammengeführt. Das ist eine sehr schöne, effektive Anziehung und Zusammenführung zweier Menschen. Es ist die idealste Form der Anziehung.

Wir erwähnten schon, daß sich im Laufe eurer Inkarnationen Gefühlsmuster in eurem Emotionalkörper ausgebildet haben. Diese Muster entstanden meist aus Erfahrungen und Situationen, die für euch schmerzhaft waren und für die ihr keine Lösungen gefunden habt. Diese Muster sind im Emotionalkörper wie Blockaden oder wie Verknotungen und zeigen sich in einer Verdichtung der Energie. Diese Knoten und Verdichtungen strahlen natürlich ebenso Energie nach außen aus. Da es ungelöste Gefühle sind, da der Mensch bisher keine Erlösung von diesen Mustern fand, schlittert er unbewußt immer und immer wieder in Situationen hinein, in denen er mit diesen Gefühlen konfrontiert wird. Es erscheint wie ein Paradox! Insgeheim versucht er, diese inneren Gefühlsblockaden in sich zu unterdrücken, um sie nicht empfinden zu müssen und um ihnen innerlich aus dem Weg zu gehen! Ja, er lehnt seine innerlichen Blockaden und Ängste ab! Und doch bringt er sich selbst immer wieder in Situationen, wo er mit diesen Gefühlen konfrontiert wird. Daß er sich selbst in diese Situation gebracht hat, würde er strikt ablehnen! Meist sieht er sich als Opfer des Schicksals. Wodurch geschieht nun diese ewige Wiederholung gleicher Situationen? Unerlöste Gefühlsblockaden, Verknotungen im Emotionalkörper strahlen Energie nach außen und ziehen genau die Situationen und die Menschen an, die für die mögliche Auflösung wichtig sind. Ein Beispiel wird dies für euch klarmachen. Eine Frau hat in ihrem Emotionalkörper die Blockade, die wir als "Angst vor dem Vater" beschreiben wollen. Diese Blockade hat sich aus vielen Konfliktsituationen mit dem anderen Geschlecht in früheren Leben herausgebildet. Unter dieser Blockade laufen Gefühle, die heißen könnten "ich bin nicht gut genug", "ich bin es nicht wert, geliebt zu werden", "ich bin weniger wert als ein Mann" usw. Diese Frau hat zunächst große Probleme, sich auf eine Beziehung mit einem Mann einzulassen und findet sich, wenn überhaupt, in Verbindungen, in denen sie sich nie so geben kann, wie sie wirklich ist. Sie ist laufend angespannt, versucht dem Mann alles recht zu machen, hat große Autoritätsprobleme mit ihm usw. Insgeheim sehnt sie sich nach einer entspannten harmonischen Beziehung, in der sie gefühlsmäßig etwas zurückbekommt. Sie kommt sich vor, als ob sie in einem Kreislauf gefangen ist, aus dem sie nicht ausbrechen kann, da sie immer wieder in diese unglücklichen Beziehungen hineinschlittert. Wie geschieht das und was kann sie tun? Ihre innere Gefühlsblockade "Angst vor dem anderen Geschlecht" läßt sie immer wieder unbewußt Männer auswählen, die sie mit dieser Blockade konfrontieren. Solange sie wählt, diese Blockade nicht anzusehen und sie immer wieder versucht, sie wegzuschieben, wird sie sich in diesem Kreislauf finden. Entscheidet sie sich, mit diesem Muster zu arbeiten und ihm mit offenen Augen zu begegnen, ist ein erster Schritt aus diesem Kreislauf heraus getan.

Was bedeutet die Arbeit mit den Gefühlsmustern? Da ihr nicht mit positiven Gefühlsmustern arbeiten müßt, bedeutet das Konfrontation mit eurer Negativität und euren Ängsten. Positive Gefühlsmuster sind bejahende Gefühle euch und eurem Leben, anderen Menschen und Wesen, ja dem gesamten Universum gegenüber. Positive Gefühlsmuster würden wir nicht mehr als Muster benennen, da sie keine Verdichtung im Emotionalkörper bewirken, sondern eine Verfeinerung und Klärung. Arbeit mit den Gefühlsmustern und -verknotungen bedeutet also Konfrontation mit der Seite in euch, die ihr vielleicht nicht so sehr mögt und bisher gemieden habt. Der erste Schritt zur Auflösung dieser Muster ist der starke Wunsch nach Befreiung. Ohne diesen Wunsch kann nichts geschehen.

Der zweite Schritt erfordert euren Mut, diesen Seiten in euch zu begegnen und sie genau zu betrachten. Dies kann auf verschiedene Art geschehen, wie z.B. in Meditationen, in Visualisations- und Entspannungsübungen oder in geleiteter Interaktion. Doch das Beste ist bei starken Gefühlsmustern, daß sich zunächst aufgestaute Emotionen entladen können und daß in einem geschützten Rahmen ermöglicht wird, unterdrückte Gefühle auszuagieren. Gefühle, Ängste, Emotionen sind oft sehr irreal in dem Sinne, daß sie nichts mehr mit realen Situationen zu tun haben. Gefühlsmuster werden einfach automatisch immer wiederholt. Ängste rasten ein wie auf Knopfdruck, wenn z.B. ein Freund euch einmal mürrisch anschaut, weil er schlecht geschlafen hat und ihr deutet es vielleicht gleich so, daß er nichts mehr mit euch zu tun haben will. Das meinen wir mit irreal. Eure Reaktionen stehen oft nicht im Verhältnis mit der Situation. Deswegen kann man nicht allein mit dem Verstand an Gefühlsmuster herangehen. Zunächst wäre eine emotionale Klärung und Entladung nötig, bei der ihr alle eure Ängste, eure Wut, euren Haß, eure Trauer aus euch hinausschreien könntet in einem geschützten Umfeld. Diese Möglichkeit schaffen viele Therapieformen, die ihr nutzen solltet. Sie werden euch zunächst einmal von Anspannung befreien. Der nächste Schritt wäre zu erkennen, in welchen Situationen diese Muster immer in euch auftreten. Ein Recherchieren beginnt dann für euch, das wie ein Aufspüren dieser Situationen ist. Dadurch könnt ihr Situationen noch einmal genau in euch erleben und nachvollziehen und schrittweise könnt ihr in eure Vergangenheit zurückgehen. Viele Erinnerungen und Zusammenhänge werden in euch hochsteigen, wenn ihr diese Bewußtseinsarbeit leistet. Dies bedeutet aber nicht, daß ihr in alten Wunden herumstochern sollt. Das meinen wir nicht, sondern, daß ihr langsam *erkennen* sollt, wie ihr zu euren Mustern gekommen seid. Am Anfang werden die Muster immer wieder in bestimmten Situationen einsetzen. Doch mit der Zeit könnt ihr euch dann in diesen Situationen immer öfter erinnern, daß euer altes Gefühlsmuster einsetzen möchte. So bekommt ihr langsam immer mehr Abstand, so lockert ihr diese Muster immer mehr auf, was sich in eurem Emotionalkörper in einer Verfeinerung zeigt. Eine vollkommene Auflösung alter, festgefahrener Gefühlsmuster ist mit der Zeit möglich, wenn ihr wirklich erkannt habt, warum ihr es einst gewählt habt und was es für euch zu bedeuten hatte.

In früherer Zeit waren euch bestimmte Gefühlsmuster oft ein Schutz. Sie waren wie eine Warnung vor unangenehmen Situationen. Wir wollen euch ein Beispiel geben. Eine Frau wurde in früheren Leben vom anderen Geschlecht immer und immer wieder ausgenutzt, weil sie zu leichtgläubig und unschuldig war. Daraus hat sich in ihr Wut und Angst entwickelt, was sie davor beschützt hat, nicht mehr so leicht in diese Situationen hineinzugelangen. Sie hat sich mit der Zeit immer mehr vor den Menschen verschlossen. Doch jetzt in diesem Leben ist die Zeit gekommen, wo sie eine erfüllende Beziehung zu einem Mann möchte. Zunächst muß sie ihre Gefühle entladen und klären. Dann muß sie erkennen und verstehen, daß bestimmte Gefühlsmuster sie behindern, eine Partnerschaft eingehen zu können. Vielleicht erkennt sie ihre ganze Vergangenheit, doch das ist nicht unbedingt wichtig. Wichtig ist, daß sie versteht, daß diese Verhaltensmuster nicht mehr nötig sind, daß sie ihr nicht helfen, sondern behindern. Das, was früher ein Schutz für sie bedeutete, nämlich Angst vor Männern, behindert sie nun, da sie sich weiterentwickelt hat, in ihrer Partnerfindung.

Versteht ihr nun vollkommen an diesem Beispiel, was wir meinen? Euer Emotionalkörper ist belastet, wenn ihr solche Gefühlsmuster und -blockaden mit euch herumtragt, noch dazu wenn es alte, seit vielen Leben festgefahrene sind. Je länger ihr sie mit euch herumschleppt, um so mehr verfestigen und etablieren sie sich im Emotionalkörper. Sie lösen sich nicht auf bei eurem Tod. Nein sie begleiten euch weiter und weiter. Je länger ihr sie bei euch habt, um so mehr Energie bekommen sie, um so stabiler werden sie. Sie bekommen sozusagen Futter von eurem Nicht-beachten-wollen, von eurem Ignorieren und von eurer Furcht. Dadurch bekommen sie ihre Existenzberechtigung und ihre Energie. Sie führen ein Eigenleben in eurem Emotionalkörper und bestimmen euer Leben, wenn ihr ihnen nicht Einhalt gebietet. Jedes dieser Gefühlsmuster hat sich wie festgehakt im Emotionalkörper und bildet eine Ansammlung von Energie. Sie bilden einen Energiestau, der die übrige Energie nicht frei fließen läßt. So wie Krankheiten im Ätherkörper Schatten bilden, so bilden negative Gefühlsmuster Schatten im Emotionalkörper. Dies verhindert im Gefühlsleben Freiheit und Offenheit des Menschen. Soweit zu dem Thema Gefühlsmuster.

Jede Gefühlsregung des Menschen zeigt sich im Emotionalkörper und formt ein Bild. Seher können bei Betrachtung des Emotionalkörpers genau die Gefühlslage des Menschen erkennen. Gefühle sind oft sehr kurzlebig und können sich blitzartig ändern. Von einer Sekunde auf die andere freut ihr euch über eine liebevolle oder ihr ärgert euch über eine unerfreuliche Botschaft. Dies geschieht oft im Bruchteil einer Sekunde. Wir sagten, Gefühle *können* sich sehr schnell ändern. Bei den meisten Menschen ist das wenigstens so. Es muß aber nicht so sein und Ziel ist es, Gefühle in den Griff zu bekommen. Das heißt nicht, gefühllos zu werden oder Gefühle zu unterdrücken, sondern sich nicht von ihnen hin- und herschmeißen zu lassen. Doch die meisten Menschen werden bestimmt von ihren Gefühlen. Stabilität im Gefühlsbereich herrscht bei ihnen nicht vor. Ein Gefühl jagt das andere und bestimmt so den gesamten Tagesablauf, ja das ganze Leben. Die meisten Menschen sind wie Gefangene ihrer Gefühle und sind sich nicht einmal bewußt darüber. Sie sind weit davon entfernt zu wissen, daß das nicht so sein sollte. Sie meinen, es wäre ein Normalzustand. Dieses ständige Abwechseln der Gefühle zeigt sich im Astralkörper als wirr umherschwirrende Energie. Viele Seher erkennen Farben im Astralkörper, die je nach Gefühlen auftreten. Doch die Deutung der Farben in diesem Bereich ist sehr kompliziert und vielschichtig. Viele Menschen, die Farben im Astralkörper erkennen, können sie oft nicht richtig deuten. Es ist eine große Wissenschaft, die Farben in diesen Bereichen richtig zu deuten, da zu einer Farbe viele Schattierungen und dadurch Bedeutungen gehören.

Warum wird die Energie der feinstofflichen Körper in Farben wahrgenommen? Es ist ganz klar und eindeutig, daß eine bestimmte Art von Energie konform geht und sich zeigt in einer Farbe, wobei innerhalb eines Farbspektrums viele unterschiedliche Möglichkeiten des Ausdrucks vorhanden sind. Anhand der Farbe Rot möchten wir dies klarlegen. Rot ist immer Ausdruck von vorwärtsstrebender Energie. Vielleicht erinnert ihr euch an die Farben zur Aktivierung des ersten und des sechsten Chakras, die wir in unserem ersten Buch vorgeschlagen haben. Beide waren rot, doch in einem völlig anderem Bereich. Das Rot für das erste Chakra ist im dunklen, tiefen, ja rot-braunen, erdigen Bereich angesiedelt. Das Rot für das sechste Chakra liegt im klaren, hellen, ja im leicht violetten Bereich. Dies sind zwei Rottöne mit verschiedenen Bedeutungen und verschiedenen Wirkungen. Genauso verhält es sich mit der Deutung z.B. von Rot im Astralbereich. Auch hier bedeutet ein Vorhandensein von Rot immer viel Energie. Doch welche Art von Energie? Rot wird immer oder sehr oft als Wut gedeutet, doch das ist nur eine generelle Möglichkeit. Heftige Wut zeigt sich häufig sogar in dunkelroten Streifen, ähnlich wie Blitzen. Aber daneben gibt es noch sehr viele Rottöne mit vielen Schattierungen. Ein zartes Rot, das schon in Rosa übergeht, zeigt Gefühle im Bereich von Zärtlichkeit, Zuneigung und Freude. Die Deutung von Farben im Astralbereich ist kompliziert und es gibt nicht sehr viele Menschen auf der Erde, die dies können. Es ist eine Wissenschaft für sich, die einer tiefgehenden Schulung bedürfte, nur gibt es im Moment keine Lehrer dafür. Eine ernsthafte Schulung, Ausbildung und Forschung in diesem Bereich wäre vonnöten und die Hilfe von höherer Instanz sollte hierbei hinzugerufen werden. Ansonsten beruht sich die Deutung in diesem Bereich auf Vermutungen und Annahmen einzelner Personen oder verweilt im Bereich von Spielerei.

Gut, normalerweise verändern sich Gefühle im Menschen sehr schnell und dies zeigt sich im Astralkörper als Energiebewegung, die sich wiederum in Farben ausdrückt. Wir sagten im Kapitel über den ersten Energiekörper, daß die Menschheit generell auf die Materie ausgerichtet ist. Dies gilt auch für die Gefühlswelt, also den zweiten Energiekörper. Die Gefühle der meisten Menschen beziehen sich auf eine sehr materielle Basis, wenn wir das so audrücken dürfen. Der größte Teil der Menschheit bewegt sich im Bereich von Basisgefühlen und ist mit ihnen vollauf beschäftigt. Wenn ihr dies auf die Chakren übertragen wollt, so sind hierbei die ersten drei

Chakren angesprochen. Die meisten Menschen leben also auf der Ebene dieser Chakren und gehen nicht darüber hinaus oder verfeinern sie nicht. Das bedeutet, daß sie mit purem materiellen Überleben beschäftigt sind, wie z.B. Nahrungs- und Wohnraumbeschaffung, mit Partnersuche, sexuellem Austausch und nach Behauptung von sich selbst. Auf diesen Ebenen lebt der Mensch Gefühle wie Überlebensängste jeder Art, Freude an materiellen Anschaffungen, Partnerkonflikte und Verliebtsein, Machtkonflikte, Wut usw. Gefühle wie Mitgefühl für andere Wesen und wahre religiöse Andacht können in diesen Bereichen nicht erlebt werden. Eine materielle Ausrichtung der Gefühlswelt zeigt sich eher in der Betonung von materiellem Wohlstand und der Unterdrückung von weichen zarten Gefühlen. In diesem materiellen Bereich wechseln die Gefühle laufend und eine ständige Reibung im Emotionalkörper ist vorhanden. Bestimmte Gefühle wie starke Emotionen, zu denen Wut und übersteigertes Sich-selbst-behaupten-wollen gehören, werden vorgezogen und schwach aufkeimende Gefühle, wie Sich-verletzlich-fühlen oder Mitgefühl, werden sofort weggeschoben. Dadurch entsteht in sehr vielen Menschen ein Konflikt, der in ihnen nagt. Die Menschen der westlichen Welt definieren sich und ihre Lebensberechtigung durch Wohlstand und Glaubenssätze wie "was habe ich materiell erreicht, wieviel gelte ich, was habe ich alles um mich herum angehäuft". Diese Wertvorstellungen breiten sich über die ganze Erde aus. Es wird nicht mehr gefragt, "was habe ich dazu getan, daß es der Erde besser geht, was habe ich dazu getan, daß es den Menschen besser geht, wie habe ich mich menschlich weiter entwickelt und mein Herz geöffnet". Die Gefühlswelt der meisten Menschen dreht sich um sich selbst und um materielles Wohlbefinden. Dabei werden die Bedürfnisse des Menschen nach Religiosität, Spiritualität und Liebe vollkommen in den Hintergrund gedrängt. Doch dies sind Bedürfnisse jedes Menschen, auch wenn sie noch so sehr verdrängt werden. Jeder Mensch sehnt sich danach, Liebe fühlen zu können und geliebt zu werden. Werden Gefühle dieser Art nicht ausgebildet und gepflegt, ja sogar verdrängt, so entsteht ein sehr grobes Gebilde eines Emotionalkörpers. Dies zeigt sich in einem dichten Energiekörper und einer dichten Aura. Beide sind dann sehr grobfühlig, wenn wir es so ausdrücken dürfen. Je mehr ein Mensch seinen Gefühlskörper reinigt, in dem Sinne wie wir es vorgeschlagen haben, um so zarter wird er. Ein grober Gefühlskörper zeigt sich in dunklen Farben, ein gereinigter Gefühlskörper zeigt sich in zarten Farben und wird mit der Zeit immer feiner und durchscheinender. Ein grober Gefühlskörper kann wie eine Mauer um den Menschen herum erscheinen, die fast physisch fühl- und sichtbar ist. Diesen Zweck soll ein Gefühlskörper auch oft erfüllen. Aus unterschiedlichen Gründen bauen viele Menschen fast systematisch eine Wand um sich herum, wenn sie sich nicht innerlich von ihren Ängsten reinigen. Diese Mauer wird dann aus Gefühlen wie Wut, Angst, Trauer, Haß usw. errichtet und stößt andere Menschen instinktiv ab. Wenige oder oft auch niemand kann diese Mauer durchdringen. Nur der eigene intensive Wunsch dieses Menschen nach Auflösung dieser Wand kann sie langsam zusammenstürzen lassen.

Nun noch einmal zu der Identifizierung des Menschen mit seinen Gefühlen. Die meisten Menschen glauben, daß es ganz normal ist, von einem Gefühl in das nächste zu fallen. Sie kennen es nicht anders. Sie identifizieren sich mit diesen Gefühlen, auch wenn sie unangenehm sind und ein ständiges Auf und Ab vorherrscht. Wir erwähnten schon, daß die Aufgabe des Menschen in der Verfeinerung seiner Energiekörper liegt. Verfeinerung des zweiten Energiekörpers heißt zunächst Reinigung aufgestauter Gefühle, Auflösung alter Gefühlsmuster und Ausrichtung auf höhere Werte wie z.B. auf Liebe. Dies bewirkt im Emotionalkörper eine Stabilisierung. Ständiges Abwechseln grober Gefühle wie Wut, Neid, Gier wird mit der Zeit vollständig ausgelöscht. Dadurch wird Platz geschaffen für Gefühle im leichteren, sanfteren Bereich wie Freude an kleinen Dingen und am Leben überhaupt. Mitgefühl, Sensibilität, Berührtheit, Liebe, Zärtlichkeit kann entstehen. Diese Gefühle können erst eintreten, wenn ein Mensch die innere Stärke erreicht hat, sich innerlich berühren zu lassen und den Mut hat, sich zu zeigen, wie er ist. Wenn er sich in seinen Gefühlen stabilisiert hat und zu ihnen steht, tritt eine Art von Harmonie in den zweiten Energiekörper ein. Vorher jagen sich Gefühle jeglicher Art gegenseitig und eine Kontrolle über sie ist fast nicht möglich.

Was geschieht mit den Emotionalkörpern von Menschen in Ländern, in denen Krieg herrscht? Sie leben in ständiger Angst und Panik, Gefühle wie Wut und Haß auf die Kriegsgegner beherrschen sie. Trauer und Schmerz um die Verluste von Freunden, die ständig sterben, nagen in ihnen. Basisbedürfnisse wie Essen, Trinken und Schlafen werden äußerst notdürftig befriedigt und Angst vor diesem Mangel herrscht vor. Die Gefühlswelt dieser Menschen ist vollkommen zerrüttet. Mit dem Explodieren von Bomben werden auch ständig Explosionen dieser Gefühle in den Menschen gezündet, die sich über das ganze Land ausbreiten. Die Menschen, die noch einigermaßen ruhig und zentriert waren, werden mit der Zeit von diesen Gefühlsexplosionen ebenfalls weggerissen. Es ist wie eine Woge, die sich immer und immer höher auftürmt. Die

Angst, die Wut, der Haß, der Schmerz werden immer größer und die einzelnen Gefühlskörper dieser Menschen vereinen sich fast zu einem und bilden *ein* Gefühlsbewußtsein im negativen Sinne. Diese Gefühle strömen mit der Zeit weit über die Grenzen dieses Landes aus und erreichen andere Menschen. Es ist eine Botschaft von Trennung, von Haß auf den nächsten, von Leid, Schmerz und Angst, die in das Bewußtsein und die Gefühle anderer Menschen eintritt.

Ebenso könnte es im positiven Sinne geschehen, wenn sich viele Menschen an einem Platz zusammentreffen, um in friedlicher Weise zusammenzuleben. Nehmen wir einmal an, diese Menschen kreieren einen Ort, wie wir ihn im Kapitel über den ersten Energiekörper vorgestellt haben, mit allen technischen Geräten, die die Erde nicht stören und mit ihr harmonieren. Diese Menschen würden außerdem an ihren Gefühlskörpern arbeiten und meditieren. Sie würden sich um Offenheit und Ehrlichkeit bemühen und um Verständnis und Mitgefühl. Im selben Sinne würden sich diese Gefühle wie ein Lauffeuer auch auf die Gefühle anderer Menschen ausbreiten und ein gemeinsamer Gefühlskörper könnte mit der Zeit entstehen. Ein gemeinsames Gefühlsbewußtsein von Brüderlichkeit, Liebe, Mitgefühl, Offenheit und Verständnis würde sich mit der Zeit bilden und diese Botschaft würde über die Grenzen dieser Gemeinschaft die Herzen anderer Menschen erreichen.

Ihr seht, Gefühle strahlen aus und haben eine große Wirkung auf euch, auf eure nächsten Mitmenschen und selbst auf die ganze Erde. Würden immer mehr Kriege entstehen, wäre die Atmosphäre um die Erde total verschmutzt. Es ist für die Menschen wichtig ihre Gefühle zu reinigen, damit ein Raum in ihnen entstehen kann für höhere feinere Gefühle, die die Welt verändern können. Würden immer mehr Menschen sich im positiven Sinne zusammenschließen zu einem friedlichen, harmonischen und liebevollen Zusammenleben, würde die Atmosphäre um die Erde aufgehellt werden. Lichtpunkte, die immer größer und stärker würden, könnten so entstehen, die immer mehr Menschen anziehen und wegbringen im positiven Sinn von Negativität. Große Aufgaben stehen euch bevor! Die Schaffung von Kommunen, in denen wahres Teilen und Miteinander möglich wird, ist der nächste große Schritt für die Menschheit. Dies ist identisch mit unserer Aussage, daß die Menschheit insgesamt vor dem Schritt auf die Herzebene steht.

Das Aussehen und die Größe des Astralkörpers eines Menschen ist also abhängig von seiner Ausbildung und Ausrichtung. Ebenso ist es mit der astralen Aura. Der Astralkörper hat die etwaige Größe und großflächige Form des physischen Körpers, wobei der Astralkörper meist etwas größer ist. Dies kann aber immer variieren. Die Aura ist abhängig von der Stärke des Astralkörpers und kann in weitem Kreis nach allen Seiten ausstrahlen. Dies kann sich im Bereich von 20 cm bis 50 cm bis zu 2 m erstrecken und sogar weit darüber hinaus.

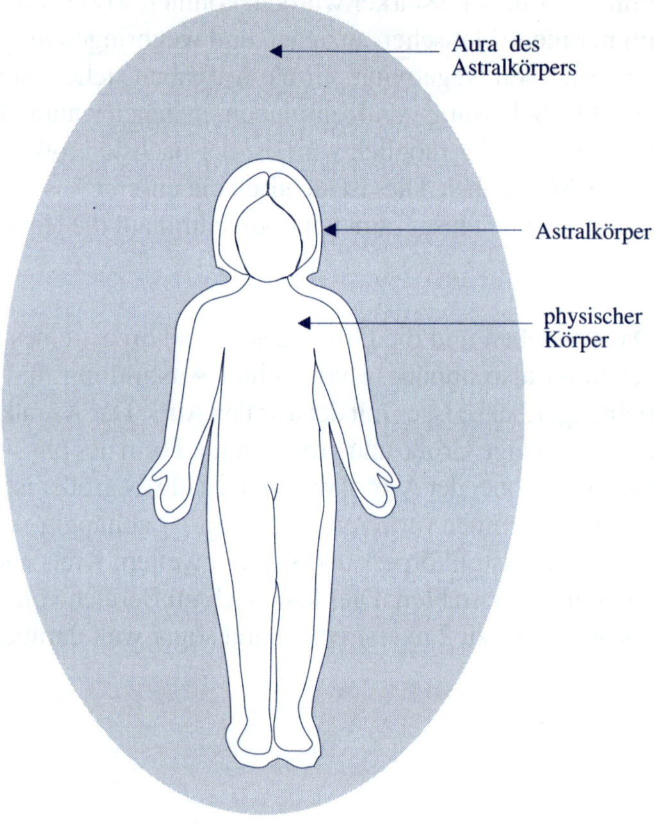
Aura des
Astralkörpers
Astralkörper
physischer
Körper

Die Größe und das Erscheinungsbild der Aura ist abhängig von der Stärke, der Reinheit und dem Erleben des Astralkörpers. In der Aura spiegelt sich dieses Erleben auf dramatische Weise. Ein Mensch mit einem harmonischen, meditativen Gefühlsleben hat eine Aura, die sich in den reinsten, klarsten, feinschimmernsten Farben zeigt und weit ausstrahlt. Ein Mensch mit einem verwirrten, zu Zorn neigenden Gefühlsleben hat eine Aura, die sich in kräftigen, oft schmutzig wirkenden, nicht-durchscheinenden Farben zeigt, die oft wie eine Mauer wirkt und nicht sehr weit ausstrahlt. Könntet ihr also Auren sehen, würde sich euch sofort sehr viel von den Menschen zeigen und euch würde sehr viel schneller bewußt, warum ihr euch von Menschen emotional an- oder abgestossen fühlt.

Dem Astralkörper werden das dritte und vierte Chakra zugeordnet. Über diese beiden Chakren ist ein Mensch mit dem Gefühlskörper verankert und dieser bekommt durch sie zusätzlich Energie. Je nachdem wie die Chakren ausgebildet und aktiviert sind, wirkt sich das auf den Astralkörper aus. Schwingen diese Chakren harmonisch und in ihrer ihnen eigenen Frequenz, wirkt sich das positiv auf den Astralkörper aus, in dem Sinne, daß er ausgeglichen und stabil ist. Ist eines der beiden Chakren nicht besonders aktiv, so fehlt diese Qualität des Emotionalbereiches im Astralkörper. Ist also z.B. das Herz-Chakra nur in seiner Minimalfrequenz, so fehlt die Qualität der uneigennützigen Liebe und des Mitgefühls im Emotionalkörper. Somit ist er nicht mit all seinen Möglichkeiten, die ihm zur Verfügung stehen, ausgestattet. Das Potential des Emotionalkörpers in seiner gesamten Spannbreite ist dann nicht voll ausgeschöpft und ein wichtiger Teil fehlt. Ebenso ist es umgekehrt. Ein Mensch, dessen drittes Chakra nicht voll schwingt, wird sich mit seinen Interessen immer zurückhalten und leicht in die Opferrolle fallen. Dies kreiert im Emotionalbereich oft Angst und Wut. Freude und Spaß am Erforschen des eigenen Weges fehlt dann im Astralkörper. Ein Teil des Potentials ist ausgeschlossen. Ihr seht die Spannbreite des Potentials des Emotionalkörpers umfaßt Gefühle grober Art wie Wut, Eigennutz, Egoismus und bei Verfeinerung und Klärung bis hin zu feinen, hohen Gefühlen wie wahre Liebe für alle Wesen. Innerhalb dieser Spannbreite gibt es sehr viele Möglichkeiten und Abstufungen der Gefühle. Ein Sinn und ein Ziel für den Menschen sollte die Verfeinerung des Emotionalkörpers mit Kristallisation und Stabilisierung im Hinblick auf die höhere Ebene der Gefühlswelt sein.

Die **Affirmation** für den Emotionalkörper lautet:

Ich, ..., bin jetzt bereit meinen Emotionalkörper
auf harmonische Art und Weise
zu klären und zu reinigen.
Ich lasse los von allen alten Gefühlen,
die mich belasten.

Die **Meditationsübung**:

Nachdem ihr den ersten Teil der Übung, der von Seite 48 bis Seite 51 beschrieben wird, praktiziert habt, fahrt wie folgt fort:

Der physische Körper bleibt
während der weiteren Zeit
der Übung in diesem Zustand
der Ausgeglichenheit und Ruhe.
Nun können wir zum zweiten Teil
der Übung schreiten.

Stellt euch vor,
daß euer physischer Körper
vollkommen durchdrungen ist
von einem weiteren Körper,
der nur aus Energie besteht,
ein feines Gebilde, Gewebe ist und
der den Emotionalkörper darstellt.
Begrüßt ihn,
sagt "Hallo" zu eurem Emotionalkörper
und sprecht den Wunsch aus,
mit ihm näher in Kontakt
treten zu wollen.
Der Emotionalkörper freut sich
über diese Art der Kontaktaufnahme.

Laßt langsam ein Bild vor
eurem inneren Auge oder
ein Gefühl über
euren Emotionalkörper entstehen.

Spürt den Emotionalkörper,
der Träger eurer Gefühle ist.
Auch wenn ihr nicht sofort
ein Bild seht oder Gefühle in euch hochsteigen,
macht einfach mit der Übung weiter.
Schweift nicht ab mit euren Gedanken,
sondern bleibt bei
dem Wunsch, mit eurem Emotionalkörper
Kontakt zu bekommen.

Jetzt stellt euch vor,
wie in diesen Energiekörper
ein goldenes Licht einfließt.
Dieses Licht tritt in etwa
in Höhe eures physischen Nabels,
dort wo die Körpermitte ist,
in den Emotionalkörper ein.
Dieses goldene Licht besteht
aus tausenden, kleinen, vibrierenden,
goldenen Lichtpunkten,
die angefüllt sind mit heilender Energie.
Sie schenken eurem Emotionalkörper
Kraft, Stärke und Heilung.
Langsam fließt dieses goldene
Licht in den Emotionalkörper ein.
Nehmt euch Zeit dafür
und laßt ihn sich auffüllen
mit dieser heilenden Energie.

Langsam und stetig fließt
das goldene Licht in den
Emotionalkörper ein und

durchdringt ihn vollkommen.
Das Licht kommt
in alle Bereiche des Emotionalkörpers und
durchdringt und erreicht
selbst die verstecktesten Stellen.

Gefühle, Emotionen, Empfindungen,
Gefühlsmuster, Verknotungen
werden durchspült und durchdrungen
von diesem Licht.
Vielleicht will nicht
jede Stelle sofort dieses
goldene Licht aufnehmen,
aber mit der Zeit werden
sie dieser heilenden
Energie nachgeben,
sie in sich aufnehmen
und somit transformiert werden.
Goldenes Licht, das aus
lauter vibrierenden, kleinen,
unzähligen Lichtpunkten besteht,
füllt euren Energiekörper auf
und läßt ihn erstrahlen.
Die Farbe Gold in dem Licht
bringt Heilung und Ausgeglichenheit
in eure Welt der Gefühle.

Und nun stellt euch vor,
wie sich zwischen diesen
tausenden, vibrierenden, goldenen Lichtpunkten,
orangene Lichtpunkte untermischen.
Das zuerst goldene Licht wird

durchsetzt von orangenen Lichtpunkten
und beide Farben dringen
nun in den Emotionalkörper ein.
Ein zunächst zartes Orange,
das dann immer kräftiger wird,
mischt sich zwischen
die goldenen Lichtpunkte
und füllt nun weiterhin
den Emotionalkörper auf.
Er wird sozusagen
durchspült mit diesen beiden Farben,
mit diesem Licht aus
Gold und Orange.
Der Emotionalkörper freut sich
über diese Farben.
Sie kräftigen ihn und heilen ihn
mit der Zeit von eventuellen
Schwächen und Verwundungen.

Je direkter ihr mit eurer
Aufmerksamkeit bei diesem Vorgang bleibt,
um so stärker wird die
Wirkung auf euch sein.
Es ist eure Aufmerksamkeit und
die Farben, die eine Wende im
Emotionalkörper geschehen lassen.
Die Hinwendung zu euch
und der Wunsch in
Kontakt mit euch zu kommen,
ist der erste Schritt
zur Vollkommenheit.
Farben helfen euch dabei.

Gold bringt Heilung,
Orange bringt Freude und Leichtigkeit.
Die Farbe Orange bewirkt, daß ihr
nichts mehr so sehr ernst
und verbissen seht.
Sie unterstützt euch
in einer größeren Lebensfreude.

Durch diese Farben geschieht
eine Heilung eurer Gefühle.
Diese Farben tun eurem
Emotionalkörper gut.
Er atmet auf unter dieser Dusche,
er fühlt sich gereinigt
und geklärt an
und er ist es auch.
Immer wenn ihr emotional verwirrt seid,
könnt ihr diese Übung zusätzlich tun.

Bleibt so lange in Kontakt mit
eurem Emotionalkörper,
wie es sich gut für euch anfühlt.
Geht nach eurem eigenen
Tempo und Empfinden.

Hört aufmerksam zu,
wenn euch der Emotionalkörper
Signale gibt oder sogar zu euch spricht.
Seid ganz aufmerksam bei dieser Übung.
Mit der Zeit,
wenn ihr sie öfter praktiziert,
wird sich der Kontakt und

das Gefühl zu eurem Emotionalkörper
verfestigen und kräftigen.
Ihr werdet dieses Energiegebilde
genau spüren und kennenlernen
und dadurch wird das
Ende der Unbewußtheit
über eure Gefühle eingeleitet.

Ist dies nicht ein Fest?
Ist dies nicht Grund zur Freude?
Ist dies nicht Grund genug,
diese Art der Arbeit zu lieben?

Als Abschluß bedankt und
verabschiedet euch
bei eurem Emotionalkörper.
Kommt dann langsam
mit eurer Aufmerksamkeit
in euren physischen Körper
und in das Zimmer zurück,
in dem ihr euch befindet.

Diese Übungen sind gedacht als Unterstützung auf eurem Weg zur Vollkommenheit und Ganzheit. Sie sollten nie als etwas Ernstes anzusehen sein oder als etwas, das man krampfhaft tun muß. Diese Übungen sollten von euch nur praktiziert werden, weil ihr vielleicht spürt, daß sie etwas in euch bewirken oder weil ihr Spaß daran findet. Auch wenn manche Dinge manchmal schwer sind, die ihr in euch vorfindet, laßt euch nicht abschrecken. Ein wahrer Forscher und Abenteurer gibt nie auf! Der Preis, den ihr für eure innere Arbeit der Auflösung alter Grenzen zahlt, ist hoch.

Ihr verliert Altes, bedenkt dies immer.
Doch was erreicht ihr?
Findet es selbst heraus.
Der Preis ist hoch,
doch das was danach kommt,
ist unendlich.

Wir lieben euch, die Weltenhüter.

Der dritte Energiekörper

Der dritte Energiekörper des Menschen ist der *Mentalkörper*. Er ist der Träger und Produzent von Gedanken, Ideen, Vorstellungen und Phantasien. Bewußtseinsenergie im Bereich des Denkens entsteht in ihm. Dieser Energiekörper hat wieder seine ihm eigene Schwingungsfrequenz und ist in seiner Gesamtbeschaffenheit feiner oder hochschwingender als die vorherigen Energiekörper. Jeder Energiekörper, vom physischen Körper ab, ist energetisch feiner und hochschwingender. Dadurch entsteht die Möglichkeit der gegenseitigen Durchdringung. Somit durchdringt der Mentalkörper den Emotionalkörper und den physischen Körper, und dadurch sind alle miteinander verbunden. Die Energiekörper stehen also nicht einzeln für sich, sondern sind eng miteinander verwoben und durchwirken sich. Die höherschwingende Energie der einzelnen Körper ermöglicht dies. Die Form des Mentalkörpers ist in etwa eine Kopie der ersten zwei Energiekörper, nur etwas größer. Die Aura des Mentalkörpers zeichnet bei normaler Entwicklung eines Menschen einen weiten Bogen, der über die Aura des Emotionalkörpers hinaus ausstrahlt. Aber die Größe dieses Körpers und seiner Aura ist abhängig vom Bewußtseinszustand in diesem Bereich des Menschen. Die Möglichkeiten von Form und Größe des Mentalkörpers und seiner Aura sind unendlich groß. Die Ausstrahlung ist wiederum abhängig von der Stärke und Ausgebildetheit des Mentalkörpers. Das heißt, je mehr Energie im Mentalkörper produziert und ausgebildet wird, um so größer die Aura. Dies schließt nicht unbedingt eine positive Ausrichtung ein, sondern heißt generell erst einmal, daß viel Energie im Mentalkörper vorhanden ist.

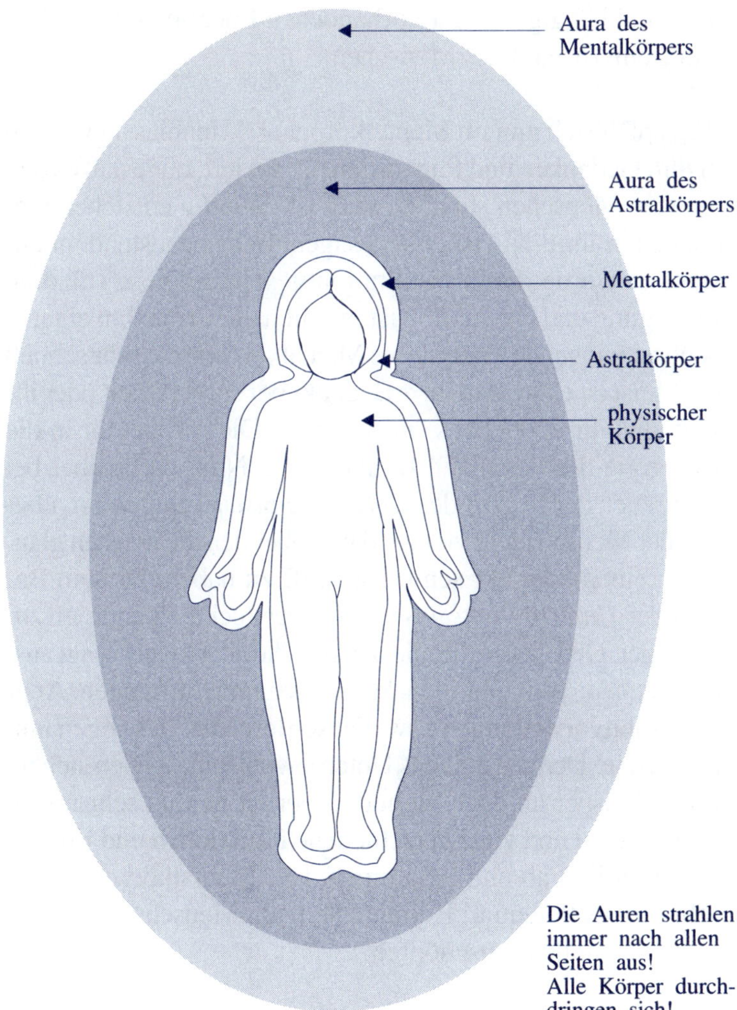

Die Auren strahlen immer nach allen Seiten aus!
Alle Körper durchdringen sich!

Normaler Entwicklungszustand

Die Größe der Ausstrahlung des Mentalkörpers kann von circa 50 cm bis 1 m bis zu 10 m und darüber hinaus gehen und ist immer abhängig von der vorhandenen Energie und dem Bewußtseinszustand des Menschen.

Was spielt sich nun im Mentalkörper ab? Unablässig werden in ihm Gedanken und Phantasien produziert, ohne daß es den meisten Menschen sogar bewußt ist. *Ständig* entstehen Gedanken in ihm! Nie ist er sozusagen im Ruhezustand, höchstens er wurde durch Meditation geschult. Diese ständige Bewegung und Produktion ist möglich durch die ihm eigene, hochschwingende Energie des Mentalkörpers, die sehr schnell ist. Meist ist es so, daß ihr z.B. denkt bei eurer Arbeit oder ihr sagt, daß ihr über etwas "nachdenkt". Dies ordnet ihr in die Kategorie des bewußten Denkens ein. Nun wurde aber bei euch auch der Begriff des *Unterbewußtseins* eingeführt, über den der Mensch nicht viel weiß und über den die meisten glauben, keinen oder nur schwer Zugriff zu haben. Diesem Begriff des *Unterbewußtseins* werden versteckte Phantasien zugeordnet; Gedanken, die alle denken, die aber keiner wagt auszusprechen; Vorstellungen, Wünsche und Hoffnungen, Ängste, Wahnvorstellungen usw. Diese Bereiche, das sogenannte bewußte Denken und das Unterbewußtsein, spielen sich im Mentalkörper ab. Der Mentalkörper ist bereits sehr multidimensional und viele verschiedene Funktionen und Ebenen laufen in ihm ab und zusammen. Der Mentalkörper hat ein sehr großes Potential! Es liegt allein am Menschen, es zu erschließen und auszuschöpfen.

Die meisten Menschen identifizieren sich mit ihrem sogenannten normalen Denken. Die meisten unangenehmen Gedanken, Ideen und Vorstellungen werden in das Unterbewußtsein abgeschoben. Das Unterbewußtsein wird so mit der Zeit eine riesige Müllhalde und ist nichts anderes als ein Ort von verdrängten Gedanken und Vorstellungen. Ab und zu, wenn einer der Gedanken aus diesem Gefängnis entweicht, erschreckt ihr. Dies geschieht öfters in Träumen, als ihr glaubt. Doch auch positive Dinge und Erinnerungen sind gespeichert im Unterbewußtsein. Reinigt ihr den Mentalkörper, so können Schritt für Schritt Dinge in euch freigesetzt werden, von denen ihr nur träumt. Voraussetzung hierfür beim Beginn der Reinigung ist, daß ihr nicht erschreckt vor eurem eigenen inneren Horror, den fast jeder Mensch in sich trägt. Erlöst ihr eure versteckten Gedanken, akzeptiert ihr sie und durchleuchtet sie mit goldenem Licht, so können mit der Zeit Erinnerungen in euch frei werden, die bis zur Entstehung eurer Existenz zurück gehen und darüber hinaus. Dies klingt für euch nun vielleicht phantastisch, doch wir sagten bereits, daß der Mentalkörper das Potential von Multidimensionalität in sich trägt. Dies könnt ihr erst verstehen, wenn ihr es selbst erfahren oder erspürt habt.

Im Moment ist es so, daß bei den meisten von euch eine Barriere entsteht, wenn ihr zwei Dinge gleichzeitig denken sollt. Es ist aber möglich mehrere Dinge gleichzeitig zu durchdenken, sozusagen parallel zu denken, und gleichzeitig mentale Botschaften von anderen zu empfangen und auf mentalem Wege Botschaften wieder auszusenden. Der Mentalkörper bietet diese Möglichkeit. Das tut auch ihr bereits, doch sehr unbewußt und limitiert. Wir erwähnten dies in unserem ersten Buch in den Kapiteln über das fünfte und sechste Chakra. Ihr empfangt Botschaften und sendet aus. Ihr schickt Gedankenenergien euren Freunden oder Feinden und tut oder denkt dabei etwas anderes. Dies geschieht im Moment bei den meisten Menschen auf völlig unbewußter Ebene. So sollte es aber eigentlich nicht sein, denn dadurch produziert ihr Dinge, über die ihr euch nicht bewußt seid und für die ihr dadurch auch keine Verantwortung übernehmt.

Der Mentalkörper ist multidimensional. Er könnte ein gigantisches, strahlendes, weitreichendes Energiegebilde sein, über das ihr intelligent denken, medial leben und bewußt sein könntet. Doch leider ist es so, daß die meisten Menschen nur die niedrigste Stufe des Potentials leben. Dies ist wiederum bedingt durch die materielle Ausrichtung der Menschen. Durch diese Ausrichtung wird der Mentalkörper beschränkt auf rein logisches Denken, die Phantasie wird beschnitten und Medialität verneint. Allein der logische Verstand wird akzeptiert! Doch bereits die Physik, die Mathematik und die Chemie stoßen immer wieder an die Grenzen dieser Rationalität und die Wissenschaftler erkennen, daß sie noch viel viel weiter gehen könnten und müßten. Was muß noch geschehen, damit die Menschheit versteht und ihr Potential erkennt und annimmt? Begrenzung ist das Motto, ist die Richtung die eingeschlagen wurde, nicht Ausweitung und Ausdehnung. Verengung geschieht in allen Bereichen. Überlegt einmal selbst. Die Lage auf der Erde insgesamt wird im wahrsten Sinne des Wortes immer enger. Im Außen herrschen z.B. Nahrungsmittelknappheit, gibt es zu wenig Arbeitsplätze, es herrscht Überbevölkerung und Armut. Diese Liste der Verengung könnte für alle Bereiche aufgezeichnet und ewig weitergeführt werden.

Wir wollen uns auf das Positive konzentrieren und euch Wege zeigen, die euch aus dieser Verengung herausführen. Doch zunächst muß der jetzige Status Quo betrachtet und erkannt werden, bevor etwas verändert werden kann. Deswegen betonen wir bei unseren Buchtiteln immer die Chakren des *heutigen* Menschen oder die Energiekörper des *heutigen* Menschen. Alles muß im jetzigen Licht betrachtet und erkannt werden. Was nützen euch Texte über die Chakren und Energiekörper, die vielleicht vor 2500 Jahren geschrieben wurden. Sie können als Grundlage gesehen werden, müssen aber zugeschnitten werden auf die *Jetzt-Zeit*.

Der Mentalkörper der meisten Menschen arbeitet also nicht in seinem vollen Potential. Ja, das Potential ist nicht einmal angeregt. Die meisten Menschen denken nicht intelligent, sondern innerhalb der Grenzen des rationalen Denkens. Bestimmte Regeln wurden von allen Gesellschaften geschaffen, auch auf mentalem Gebiet. Diese Regeln beinhalten starre Grenzen, die nicht überschritten werden sollten, wenn man kein unerwünschtes Mitglied der Gesellschaft werden will. Sogenannte Gedankenfreiheit oder Meinungsfreiheit ist ein Punkt vieler Gesellschaftssysteme, auf die die Regierenden besonders stolz sind. Die Wirklichkeit sieht anders aus, und Gedanken- und Meinungsfreiheit wird immer noch in großem Maße beschnitten. Selbst die sogenannten Forscher und Wissenschaftler sind gefangen in den Grenzen der herrschenden Meinungen und Gedankenformen. Auch sie können meist nicht die starren Grenzen überschreiten. Von daher ist wahre Forschung von Anfang an unmöglich. Von daher gibt es bei euch bis jetzt keine wahren Verbesserungen in allen Gebieten eures Lebens. Übertritt ein Forscher diese Grenzen, in welchem Gebiet auch immer, wird er sofort ausgegliedert, verschmäht oder verlacht. Dieser mangelnde Einsatz des Potentials des Mentalkörpers kennzeichnet in krasser Form das momentane Leben auf der Erde. Die niedrigste Form des Potentials, nämlich der rationale Verstand, regiert und bestimmt das Leben.

Erinnert euch, was wir über das fünfte und sechste Chakra gesagt haben. Wir möchten eine kurze grobe Wiederholung geben. Im fünften Chakra spielen sich vor allem die Funktionen einer Sende- und Empfangsstation ab. Botschaften werden empfangen und ausgesendet, ohne daß ein Wort gesprochen werden muß. Dies geschieht auf rein mentaler Ebene. Jeder Gedanke erzeugt Strom, so wie jedes Gefühl Strom erzeugt. Dieser Strom der Gedanken ist aber viel weitreichender und von der Frequenz her viel feiner und kann unendlich weit ausgesandt werden, was aber abhängig von der Ausbildung des Mentalkörpers ist. Der Strom der Gedanken ist ebenso viel schneller als der der Gefühle. Unmittelbar kann ein Gedanke ein weitentferntes Ziel erreichen. Ein Beispiel ist, wenn ihr z.B. an einen Freund denkt, das Telefon in diesem Moment klingelt und der Freund am Telefon ist. Die Gedankenwellen erreichten euren Freund, der sofort reagiert hat. Dies geschieht besonders häufig zwischen Menschen, die sich lieben. Das fünfte Chakra ist also die Sende- und Empfangsstation von Gedankenwellen. Hat ein Mensch dieses Chakra angeregt, so wird die reine Funktion des rationalen Denkens erweitert um die Möglichkeit der Erfassung sonstiger Botschaften der Menschen, über die sie sich oft nicht bewußt sind und die sie auch nicht zeigen möchten. Durch die Fähigkeit des bewußten Empfangens erweitert sich die Sicht eines Menschen enorm. Der rationale Verstand kann nicht mehr als allein gültige Instanz angesehen werden und eine Erweiterung, eine Ausdehnung im Mentalkörper geschieht. Doch das fünfte Chakra ist eher wie die unterste Form des Mentalkörpers, nicht der rationale Verstand. Denkt ein Mensch nur innerhalb der

Grenzen des rationalen Verstandes, hat er noch nicht einmal die unterste Form des Mentalkörpers erreicht. Er nutzt lediglich einen verschwindend geringen Anteil einer Funktion des Mentalkörpers. Das Potential des Mentalkörpers ist in seiner höchsten Blüte, wenn z.B. auch das sechste Chakra voll aktiviert ist. Alle Fähigkeiten des fünften Chakras sind ebenso im sechsten Chakra vorhanden, doch noch viel verfeinerter und ausgebildeter. Die Fähigkeit des Mentalkörpers Raum und Zeit zu überwinden sind durch die Aktivierung des sechsten Chakras hervorgerufen worden. Der Mensch denkt dann nicht mehr linear, sondern multidimensional in alle Ebenen hinein. Dies bringt eine noch viel größere Erweiterung mit sich, so wie es vorher nicht einmal erahnt werden konnte.

Ihr seht selbst, wenn wir die Fähigkeiten des Mentalkörpers nur skizzieren, zeichnet sich schon ein großartiges Bild ab. Wenn wir dieser Skizze dann noch die Fähigkeit des Mentalkörpers zu Kreativität, Phantasie und Vorstellungsgabe hinzufügen, wird sie langsam ein vollständiges buntes Bild. Die *Fähigkeit der Kreativität* ist ein wunderbarer Teil des Mentalkörpers. Es ist die Möglichkeit des Menschen, allen inneren Prozessen eine Form im Außen zu geben. Doch wie schon im ersten Buch gesagt, die Voraussetzung ist die Aktivierung, das Funktionieren der Chakren. Kreativität kann Verbesserungen für den Menschen schaffen, angefangen bei kleinen Dingen, wie z.B. ein schmackhaftes Gericht zu kochen, bis hin zu großartigen Gemälden oder technischen, multidimensionalen Geräten. Kann diese Kreativität frei fließen, so ist sie wie ein Jungbrunnen, wie ein Quell der Freude für den Menschen, durch den er sich erfrischen und erneuern kann. Kreativität ist ungeheuer wichtig für den Menschen! Versucht eure Kreativität zu erwecken und zu fördern, aber nicht nur von eurem rationalen Verstand aus. Meint nicht, ihr müßt von nun ab großartige, kreative Leistungen vollbringen. Beginnt mit den kleinen, ganz alltäglichen Dingen. Verändert zum Beispiel eure Wohnung, hängt ein neues Bild auf, erweitert euren Speiseplan um neu erfundene Rezepte, beginnt zu malen, zu basteln, zu musizieren. Was euch auch immer kommen mag oder was ihr schon oft als Idee hattet, aber nie in die Tat umgesetzt habt, macht es euch zum Ziel, diese Ideen zu beachten und umzusetzen. Wenn ihr das konsequent tut, werdet ihr spüren, wie ihr leichter werdet. Euer "Kopf" ist dann nicht mehr belastet mit Vorstellungen und Ideen und kann frei neu assoziieren. Selbst wenn es sich öfters herausstellt, daß diese Ideen nicht praktikabel oder umzusetzen sind, so bleibt euch doch die Freude am reinen Umsetzen und am kreativ sein. Somit kann in euch die Qualität des Spielens wieder entstehen, des Tuns aus Freude heraus und nicht aus bloßem Verwendungszweck. Die Qualität des Kindes in euch, die Freude am Spiel, die Freude an eurer Erschaffungsfähigkeit kann sich somit entfalten. Fördert also eure Kreativität, laßt sie sich ausbreiten, beachtet sie und schätzt sie als einen großartigen Teil von euch.

Was könnt ihr tun, um euren Mentalkörper zu aktivieren, damit sich sein Potential ausbreiten kann? Zunächst einmal müßt ihr die Gesetze des rationalen Verstandes verstehen. Dieser rationale Verstand plappert immer. Er lebt in starren Grenzen und nach vorgeschriebenen Gesetzen. Er denkt in gut und schlecht, in richtig und falsch, das heißt, daß er verurteilt. Ebenso unterteilt er in oben und unten, wichtig und unwichtig, höher und niedrig, das heißt er unterteilt. Er sieht in einem Menschen z.B. eine höchst wichtige Person oder in einem anderen Menschen den Abschaum der Gesellschaft. Dieses Verurteilen und Unterteilen vollzieht sich laufend in ihm. Erinnert euch, was wir gesagt haben über den rationalen Verstand, er ist nicht einmal die unterste Möglichkeit der Fähigkeit des Mentalkörpers. Dies soll keine Beurteilung sein von unserer Seite aus, sondern einfach eine wertfreie Feststellung. Der rationale Verstand mit seinen Denkmustern, die festgelegte Abfolgen von Gedanken sind, schreibt euch vor, was ihr gefälligst zu tun habt, wie ihr zu sein habt und sagt euch ebenfalls Dinge, wie wohl andere über euch denken.

Über die Jahre dieses und vergangener Leben haben sich in euch Gedankenmuster entwickelt, genauso wie sich im Emotionalkörper Gefühlsmuster entwickelt haben. Gedanken- und Gefühlsmuster bedingen sich natürlich gegenseitig. Darauf kommen wir aber in einem späteren Kapitel ausführlich zu sprechen. Gedankenmuster sind bestimmte Glaubenssätze. Zunächst einmal gibt es gesellschaftliche Glaubenssätze. Dies sind Regeln, Einstellungen und Vorschriften einer Gesellschaft, die ihre Mitglieder meist unbewußt verinnerlicht haben. Um euch dies zu verdeutlichen, möchten wir euch Glaubenssätze aufzeigen, die in Deutschland herrschen. "Wenn meine materiellen Umstände nicht gesichert sind, falle ich ins Nichts und verliere mein Gesicht" oder "das Leben ist ernst und schwer". Diese gesellschaftlichen Glaubenssätze kreieren die Atmosphäre in diesem Land und wirken sich natürlich stark auf die Emotionen der Einwohner aus. Da diese Glaubenssätze meist unbewußt wirken über die Atmosphäre, ist es für einzelne besonders schwer, sich von diesen Mustern frei zu machen, da sie überall in diesem Land zu spüren sind. Doch diese gesellschaftlichen Gedankenmuster lösen sich meist beim Tod wieder auf. Anders ist es bei den ganz persönlichen Denkmustern, die sich über das Leben und sogar über vergangene Leben hinweg gebildet haben. Diese persönlichen Denkmuster sind meist Glaubenssätze über sich selbst, über das Leben oder über andere Menschen. Auch sie wirken wie die emotionalen Muster auf Knopfdruck. Situation A tritt ein, Gedankenmuster B folgt immer darauf. Es ist wie bei einem Computer, du tippst einen Buchstaben ein und das Programm wird aufgerufen. Denkmuster sind ebenso starr und unbeweglich wie Gefühlsmuster und sind miteinander eng verwoben oder bedingen sich sehr oft. Nehmen wir wieder das Beispiel vom Freund, der euch mürrisch ansieht, weil er schlecht geschlafen hat. Sofort rastet euer mentales Programm ein "er liebt mich nicht mehr, ich bin es nicht wert geliebt zu werden", was natürlich negative Gefühle nach sich zieht. Gedankenmuster müssen von euch entdeckt oder besser noch *aufgedeckt* werden. Zunächst müßt ihr eure eigenen Denkmuster *erkennen*, bevor ihr mit ihnen arbeiten könnt. Wie schon gesagt, der rationale Verstand plappert laufend und ist meist gar nicht so rational, wie er immer erscheint. In Meditationen werdet ihr diesen Wahnsinn oder dieses Mißverständnis über den Verstand, der sogenannt rational ist, sehr schnell erkennen. Der Verstand ist sehr oft irrational, Denkmuster sind oft irrational und nicht den Situationen angepaßt. Es gilt ihn zu reinigen, ihn auszuleuchten und auszurichten auf Positivität, die für euch arbeitet. Es gilt ihn zur Ruhe und Gelassenheit zu bringen. Erinnert euch, Ziel des Menschen ist es, seine Energiekörper zu verfeinern. Gedankenmuster und ständiges Plappern des aufgeregten Verstandes bilden Verdichtungen und Verengungen im Mentalkörper, bringen sozusagen Schatten in ihn hinein. Diese Schatten können aufgelockert und beleuchtet werden mit eurer Bewußtheit.

Voraussetzung für Veränderung ist wiederum euer intensiver Wunsch. Der Wunsch euch zu befreien von negativen Gedanken und Einstellungen. Beginnt ihr intensiv an eurem Mentalkörper zu arbeiten, werdet ihr feststellen, daß eine weitere Voraussetzung die Klärung eurer Gefühle ist. Je leichter der Emotionalkörper wird oder ist, um so leichter fällt die Arbeit am Mentalkörper. Deswegen raten wir, die Meditationsübungen in diesem Buch der Reihe nach zu praktizieren und zwar jeweils drei Wochen lang. Sie bauen alle aufeinander auf und sind entscheidend für die jeweils kommenden Energiekörper. Ihr könnt damit beginnen, das Augenmerk auf in euch immer wiederkehrende Gedankenmuster und Einstellungen zu lenken und sie genau zu betrachten. Führt eine Zeitlang ein Buch darüber. Schreibt eure Einstellungen auf zu folgenden Fragen:

- Wie ist eure eigene Wertschätzung?

- Seid ihr es wert geliebt zu werden?

- Wie ist eure Beziehung zu euren Eltern?

- Wie ist eure Beziehung zu eurer Freundin oder eurem Freund?
  Wenn ihr nicht in einer Beziehung lebt, dann fragt euch, ob ihr dies anstrebt und was euch dabei helfen könnte?

- Wie seht ihr euch in eurem Beruf?

- Wo liegt euer Potential?

- Was macht euch Freude?

- Was ist der Sinn eures Lebens?

- Was haltet ihr von Liebe?

- Was haltet ihr von Meditation?

Ihr könnt diese Liste selbst ergänzen und ausdehnen. Setzt euch in einer ruhigen Minute hin und beantwortet diese Liste ganz spontan und ehrlich. Ihr könnt dann mit den einzeln aufgeführten Fragen arbeiten, wenn eine Antwort im negativen Sinne gegen euch ist. Fällt z.B. die Antwort auf die erste Frage in dem Sinn aus, daß ihr meint, ihr seid nicht viel wert, so müßt ihr in euch nachforschen, warum dies so ist. Ihr müßt dieser Einstellung langsam und schrittweise auf die Spur kommen. Somit entsteht langsam ein *Verstehen* in euch, woher diese Einstellungen kommen und warum ihr sie mit euch tragt. Das ist die eine Seite der Arbeit, die ein Nachforschen, ein genaues Betrachten der eigenen Gedanken ist. Es hat zum Sinn, daß ihr euch bewußt über eure Gedankenmuster werdet. Diese Seite ist mit aktiver Tätigkeit verbunden. Die andere Seite der Arbeit ist Meditation und ist die einzige Art, Abstand zu dem ständig ablaufenden Unterhaltungsprogramm der Gedanken und auch der Gedankenmuster zu bekommen. Diese Seite der Arbeit hat mit Nicht-Tun zu tun, ist von passiver Art. Unter Meditation fallen heutzutage viele verschiedene Techniken.

Es gibt verschiedene Sparten oder Gruppen von Meditationen. Es gibt aktive Meditationen, sogenannte passive Meditationen und Meditationen, die Visualisation und Nachdenken einschließen. Bei den aktiven Meditationen steht zunächst einmal die körperliche und emotionale Entladung im Vordergrund. Aktive Meditationen haben meist Phasen von körperlichem Tun, das sich jedoch unterscheidet vom täglichen Tun. Dieses Tun sollte wie von selbst geschehen, sollte sozusagen auch passiv sein. Der große Meister Osho* hat diese Art von

* Bhagwan Shree Rajneesh

Meditationen besonders auf den westlichen Menschen zugeschnitten. Er hatte erkannt, daß es für die meisten Menschen aus dem Westen nötig ist, zunächst den Körper und die Gefühle zu beruhigen und zu entladen, bevor wahre Meditation geschehen kann. Diese Meditationen von ihm stellen eine wahre Errungenschaft dar, denn sie helfen vielen Menschen am Anfang auf den Weg zur Meditation. Passive Meditationen sind vor allem die alten östlichen Techniken. Darunter fallen die Methode der Versenkung und Beobachtung des Atems, oder Meditationen vor einer leeren Wand oder Spiegelmeditationen usw. Dies sind bereits sehr fortgeschrittene Formen und sie beinhalten die Kontemplation der Gedanken. Praktikanten dieser Methode sind in stärkster Form konfrontiert mit ihrem innersten Erleben und erfahren auf intensivste Art und Weise das Schnattern der Gedanken. Die Gedanken beherrschen am Beginn den Praktikanten, doch bei weiterer Übung und immer wieder neuer Konzentration auf den Atem oder die Wand, je nachdem welche Methode praktiziert wird, geschieht langsam ein Beobachten der Gedanken. Man kann sagen, daß schrittweise ein Erkennen über den rationalen Verstand hinaus im Praktikanten geschieht. Er sieht und erkennt, daß er sich nicht identifizieren muß mit seinen Gedanken. Der Praktikant erkennt, daß er nicht seine Gedanken *ist* und daß sich über diese Gedanken hinaus viel weitere größere Ebenen eröffnen. Man kann sagen, Meditation macht intelligent, denn sie erweitert das Bewußtsein insgesamt. Durch Meditation, egal welcher Art sie ist, geschieht eine Erweiterung im gesamten Bewußtsein und fließt Licht in alle Ebenen des Menschen. Die Technik der passiven Meditation eignet sich allerdings nur für Menschen, die bereits an sich gearbeitet und schon begonnen haben, sich zu reinigen. Wenn dies nicht geschehen ist, würden die Techniken der passiven Meditation eine Überforderung darstellen. Will jemand mit Meditation beginnen und hat noch nie in sein Innerstes geschaut, so bieten sich immer aktive Meditationen an.

Die andere Gruppe von Meditationen beinhaltet ebenso alte östliche Techniken, wie z.B. im Zen das Nachdenken über bestimmte Koans. Diese Technik hat zum Ziel, daß der Praktikant über den Verstand, durch das Nachdenken über den Koan, hinausgelangt. Hierbei erkennt er die Beschränktheit des Verstandes und erfährt beim Überschreiten dieser Begrenzung die Weite, die nach ihr geschieht. Ein Koan ist mit dem normalen Verstand niemals zu beantworten. Diese Meditation stellt ebenso eine sehr fortgeschrittene Methode dar. Die größten Meister dieser Methode waren die Zen-Meister. Sie waren Experten höchster Art in der Kunst, Menschen über die Limitierung des Verstandes hinauszubringen. Sie erschufen eine Tradition von Meistern, von erleuchteten Menschen, die einzigartig in der Geschichte der Menschheit ist. Viele Menschen wurden in dieser Zeit erleuchtet oder wuchsen über ihre inneren Grenzen weit hinaus. Es war eine wunderbare Zeit in der Geschichte der Erde. Die Zen-Meditationen beinhalten die Einfachheit und Schönheit der Wahrheit. Sie beinhalten das Nicht-Tun im Tun. Die ganze Lebensweise des Zen ist ausgerichtet auf Klarheit und Simplizität, so wie Wahrheit eben ist. Zen ist ohne Schnörkel und Umwege, einfach und direkt!

Zu dieser Gruppe von Meditationen gehören auch die, die mit Visualisation oder Ausrichtung des Geistes arbeiten. Darunter fallen z.B. die Meditationsübungen, die wir in unseren Büchern anbieten. Diese Art von Übungen können auf leichte Art selbst Anfänger des inneren Weges praktizieren. Dabei wird der Geist geschult, sich auszurichten oder sich etwas vorzustellen. Das Beste hierbei ist die Arbeit mit der Vorstellung von Licht. Diese Licht-Techniken sind besonders effektiv, egal auf welche Ebenen sie angewandt werden. Sie bewirken, daß der Mensch geschult wird, wie er in sein System Licht hineinbringt. Dieses Licht, ganz gleich welcher Farbe des Regenbogens es angehört, bewirkt, daß das Innere des Menschen beleuchtet, ja durchleuchtet wird. Somit wird er aufgeladen mit Lichtenergie. Begrenzungen oder Blockaden werden mit der Zeit aufgelockert, ans Tageslicht und in das Bewußtsein des Praktikanten gebracht und aufgelöst. Diese Methode ist im Grunde eine sehr einfache. Man kann mit weißem, goldenem Licht oder den Farben des Regenbogens arbeiten, wie in unseren Büchern vorgeschlagen.

Die Meditationen, die wir hier vorgestellt haben, wirken natürlich auf bestimmte Ebenen des Menschen ein. Ein Zen-Koan arbeitet vor allem mit dem Mentalkörper. Die aktiven Meditationen sind zugeschnitten auf die physische Ebene und den Emotionalkörper. Die Visualisationsübungen können, je nachdem wohin sie ausgerichtet werden, alle Ebenen erreichen. Doch Meditationen bewirken, egal auf welche Ebene sie speziell ausgerichtet sind, immer eine Einheit. Deswegen sind Meditationen so extrem wichtig für die spirituelle Entfaltung der Menschheit.

Meditation ist der Weg,
den die Menschen beschreiten sollten.
Durch Meditation kommt Bewußtheit
und Licht in das System der Menschen,
das sie herausführen kann aus ihren Irrwegen.
Meditation ist die Lösung
für die kommende Zeit!

Die Methoden sind einfach und
für jeden zu praktizieren.
Durch sie geschieht eine innere
Reinigung und Transformation.
Meditation ist der Weg!

Beginnt ihr regelmäßig Meditation zu praktizieren, egal welcher Gruppe sie angehört, so wird neuer Platz in euch geschaffen. Dadurch, daß ihr über die Grenzen des Alten in euch hinausgelangt, dadurch daß ihr Altes auflöst, und dadurch, daß ihr zunehmend über den rationalen Verstand blicken könnt, geschieht eine Revolution in euch! Eine grundlegende Umwälzung eurer Struktur geht dann vonstatten. Ihr werdet sozusagen ein neuer Mensch. Alles in euch wird sich erneuern, euer physischer Körper, euer Emotionalkörper und euer Mentalkörper. In allen Bereichen wird eine Umwandlung geschehen, da sich Altes auflöst und so Platz entstehen kann für Positivität, Liebe und Licht. Eine Umwandlungsphase wird eingeleitet durch das regelmäßige Praktizieren von Meditation. Dies dauert eine Zeitlang. Ihr müßt zunächst einmal regelmäßig und konstant an euch arbeiten, ihr dürft nicht aufgeben. Ihr müßt der Meditation einen sehr wichtigen Stellenwert in eurem Leben zuschreiben, wenn nicht sogar den höchsten Stellenwert! Nur dann wird nach und nach die Umpolung in euch stattfinden. Das Alte hat sehr lange seine Wichtigkeit in euch gehabt, stellt euch darauf ein, daß es nicht freiwillig gehen wird. Nur eure Ausdauer wird es überwinden.

Abenteurer eurer selbst,
ihr braucht Mut und Zähigkeit
auf eurem Weg und Unbeirrtheit
in dem Wunsch nach Liebe und Licht!

Dies wird euch helfen, alte Grenzen zu überwinden. Dies wird euch helfen, ein vollkommener Lichtträger zu werden!

Durch die Ausrichtung auf den rationalen Verstand ist eine große Kopflastigkeit in der westlichen Welt entstanden. Die Welt wird regiert von dieser Orientiertheit. Es ist sogar so, daß der Kopf, damit meinen wir den rationalen Verstand, die Gefühle fest in seinen Griff bekommen will. Tatsache ist, daß der Mentalkörper sehr leicht, sehr schnell und sehr effektiv auf den Emotionalkörper einwirkt. Es kommt nur darauf an in welcher Form. Im Falle der Ausrichtung auf eine rein rationale Denkweise ist es sehr oft der Fall, daß der Emotionalkörper unterdrückt wird. Nehmen wir zur Veranschaulichung das Beispiel eines jungen, dynamischen Geschäftsmannes, der sehr schnell zu viel Geld und Macht kommen möchte. In seinem Fall ist der Mentalkörper Herr im Hause, wenn wir es so ausdrücken dürfen. Doch der Herr ist der rationale Verstand. Leider ist es heutzutage so, daß mit ihm sehr viel Macht erreicht werden kann und daß dies die übliche Methode ist. Erinnert euch, der rationale Verstand ist noch nicht einmal die unterste Möglichkeit des Mentalkörpers. Dieser junge Geschäftsmann lebt größtenteils vom Verstand aus. Er muß viel denken und managen. Dabei unterdrückt er Körpergefühle wie Müdigkeit und Schwäche des Körpers oder emotionale Gefühle wie Mitgefühl für seine Partner und Menschlichkeit. Dies kommt in der Geschäftswelt sehr häufig vor. Die Energie dieser Menschen kommt größtenteils aus dem Mentalkörper, vom rationalen Verstand, und sie überstimmt meist die anderen beiden Energiekörper. Stellt euch nur einmal vor, wieviel Energie im Mentalkörper brachliegt. Stellt euch nur einmal vor, wieviel Energie dieser Geschäftsmann zur Verfügung hätte, wenn er über seinen rationalen Verstand hinausgelangen könnte. Doch es ist gut, daß er dies noch nicht kann, denn es liegt auch immer eine Gefahr in der Überwindung des Verstandes. Eine Auswirkung dieser Überwindung ist, daß der Mensch dann generell mehr Energie zur Verfügung hat. Er erkennt und sieht größere Zusammenhänge. Er bekommt so mehr Macht. Ist dieser Mensch mit einem erweiterten Mentalkörper nicht verbunden mit seinem Emotionalkörper und vor allem mit dem Herz-Chakra, so ist die Gefahr des Machtmißbrauchs sehr groß. Ein Mensch, der seinen Mentalkörper nur in geringster Weise erweitert, der nur in geringster Weise seine Medialität lebt, das heißt die Größe des Mentalkörpers bereits geringfügig lebt, sticht aus der Masse der Menschen heraus und gilt ganz schnell als genial. Doch dies kann nur sein, weil die Masse die Größe ihres eigenen Mentalkörpers nicht erkannt hat, weil sie schläft und träumt von der Größe der anderen. Diesen Menschen wird sehr schnell und sehr leicht, freiwillig viel Macht zugesprochen. Diese Menschen gelten schnell als große Gurus, Heiler oder Magier. Doch sie kommen nur durch die Dummheit und Unwissenheit der Masse zu diesen Ehren. Das Ignorieren der Masse ihres eigenen Potentials und ihre Faulheit ermöglicht dies. Somit ist es sehr gefährlich, seinen Mentalkörper und die dazugehörigen Chakren zu aktivieren, wenn nicht der Emotionalkörper mit seinen Chakren vorher aktiviert wurde. Die Gefahr des Machtmißbrauchs und des übersteigerten Egoismus und Wertgefühls besteht dann immer.

Eine Auswirkung des rationalen Verstandes ist also die Negierung, ja die Ablehnung der anderen Möglichkeiten und Fähigkeiten des Mentalkörpers. Die eigenen Fähigkeiten zur Medialität mit den Phänomenen wie Hellsehen, in die Zukunft sehen usw. werden strikt abgelehnt oder spöttisch belächelt und nur wenigen besonderen Menschen zugestanden. Dies ist wieder ein Paradox des rationalen Verstandes. Die meisten Menschen oder besser noch die Mehrzahl der Weltbevölkerung hatte nämlich schon Kontakt mit der eigenen Medialität oder mindestens Erlebnisse mit der Medialität anderer. Schon immer gab es Hellseher, Medien oder sogenannte Magier, zu denen Menschen gingen, um sich Rat zu holen. Es gab sogar schon Zeiten auf der Erde, wo ganze Gesellschaften zu Medien wurden und zwar aus dem alleinigen und einzigen Grund, da sie ihre Möglichkeit und Fähigkeit hierzu akzeptiert und in das Leben integriert hatten. Das Wissen um diese Fähigkeiten schlummert in allen Menschen, egal ob sie dies strikt ablehnen oder nicht. Eine Ablehnung der Fähigkeit des Menschen zu Medialität zeigt nur die Begrenzung oder Ausrichtung auf die Materie und den rationalen Verstand. Diese Menschen leben ein sehr begrenztes Dasein, ein rein materielles Dasein, worunter vor allem der Emotionalkörper extrem leidet. Die ungelebten Fähigkeiten des Mentalkörpers schlummern und verkümmern somit bis auf ein Mindestmaß. Nur ab und zu geschehen manchmal Dinge in Notsituationen, die die Menschen aufschrecken und über den Rand des Verstandes hinausbringen. Ein Beispiel dafür wäre eine Person in einer Unfallsituation, die ihr Leben an sich vorbeiziehen sieht und im Koma erkennt, daß sie nicht sterben kann, da sie noch wichtige Dinge in diesem Leben zu lernen hat. Dies ist nicht mit dem rationalen Verstand zu erklären. Dies ist nur aus einem größeren und erweiterten Blickwinkel zu betrachten, wenn man verstehen will, von welchen Ebenen aus in diesen Notsituationen gesprochen wurde.

Die Größe des Mentalkörpers ist also bereits gigantisch. Wahre Wissenschaftler haben erkannt, daß ihr nur wenige Prozent der Kapazität eures Gehirns ausnutzt. Die Prozentzahl der Ausnutzung ist wieder mit dem Beispiel von der Spitze eines Eisberges zu erklären. Unterhalb des Wassers liegt der eigentliche Teil des Berges, unsichtbar für das menschliche Auge verborgen. Macht euch also vertraut mit der Größe des Mentalkörpers. Macht euch vertraut mit dem Samen, der im Moment noch in euch schlummert. Der Same der Multidimensionalität in euch will erwachen und wachsen!

Gedanken senden Energie aus. Phantasien, Ideen senden Energie aus. Kreatives inneres Geschehen sendet Energie aus. Jeder Mensch hat sein eigenes mentales Energiefeld um sich herum. Sensible Menschen spüren sehr schnell dieses mentale Geschehen anderer und können oft die Gedanken anderer lesen. Dieses mentale Energiefeld kreiert die Aura, die Ausstrahlung des Mentalkörpers. In ihr wird deutlich sichtbar, welcher Art von Gedanken der Mensch sich zugewandt hat. Wiederum zeigt sich die Art und Ausrichtung des Mentalkörpers in der Aura in Form von Energiebewegung und Farbe. Die Farben im Mentalkörper sind generell eher im Pastellbereich angesiedelt, im Gegensatz zum Emotionalkörper. Die Farben im Mentalkörper sind feiner oder zarter, was der höherschwingenden Energie der Gedanken im Gegensatz zu der Energie von Gefühlen entspricht. Doch auch innerhalb des Bereiches der Pastellfarben des Mentalkörpers gibt es sehr große Unterschiede. Dies hängt wieder von der Ausrichtung des Mentalkörpers und seiner Verfeinerung ab. Je mehr er gereinigt und verfeinert wurde, um so klarer, feiner, funkelnder und durchscheinender werden die Farben in seiner Aura. Sie erstrahlt dann in den reinen Pastelltönen des Regenbogens, bei einer Ausrichtung auf Liebe, Licht und Positivität. Je unausgebildeter ein Mentalkörper ist, um so kleiner ist er. Es kann vorkommen, daß die Aura des Mentalkörpers bei nur minimaler Nutzung auf dieselbe Größe oder sogar unterhalb der Größe der Aura des Emotionalkörpers *schrumpft*. Diese Person lebt dann mehr über ihre Gefühle, die wahrscheinlich auch im unteren Schwingungsbereich liegen.

Möglichkeit eines verfeinerten und ausgebildeten Mentalkörpers.

Möglichkeit eines unausgebildeten, geschrumpften Mentalkörpers.

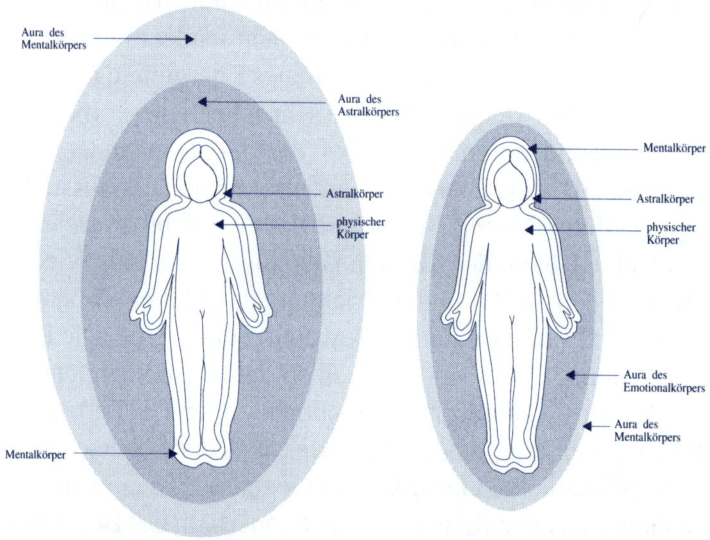

Die Farben im Mentalkörper sind durchscheinend und klar, pastellfarbig und im Bereich des Regenbogens.

Die Farben hier sind ebenso pastellfarbig, aber eher schmutzig und oft grau-braun schimmernd.

An diesen beiden Abbildungen erkennt ihr leicht, was eine positive Ausrichtung auf Licht, Liebe und Meditation bewirkt. Arbeitet ihr mit Licht an euren Energiekörpern, so findet eine Ausdehnung und Erweiterung statt. Für euch besteht die Möglichkeit innerhalb eines weiten strahlenden Energiefeldes zu *wohnen* oder innerhalb eines engen begrenzten Raumes. Es liegt an euch, welches Energiefeld ihr euch schafft. Es kann ein Feld sein, das erfüllt ist mit Licht, Liebe, Kreativität und Musik oder eines, das eng ist, euch begrenzt und erfüllt ist mit Lärm. Wir denken, daß dies eure Möglichkeiten veranschaulicht.

Die **Affirmation** für den Mentalkörper lautet:

Ich, ..., bin nun bereit über
die Grenzen meines rationalen Verstandes
hinauszublicken und erkenne
meine Fähigkeit zur Multidimensionalität.

Die **Meditationsübung**:

Praktiziert zunächst wieder den ersten Teil, wie von Seite 48 bis Seite 51 beschrieben. Gebt euch ganz dieser Entspannung des Körpers hin, so daß wir dann mit dem hier folgenden Teil fortfahren können:

Der physische Körper bleibt
während der weiteren Zeit
der Übung in diesem Zustand
der Harmonie und Ruhe.

Nun ist die Zeit gekommen,
Kontakt mit dem Mentalkörper aufzunehmen.
Der Mentalkörper hat in etwa
die Form des physischen Körpers,
nur ist diese Form
nicht so ausgeprägt.
Der Mentalkörper ist ein
feines Energiegebilde,
das den physischen Körper
sanft durchdringt und
über ihn etwas hinausragt.

Nehmt Kontakt auf
mit eurem Mentalkörper,
sagt "Hallo" zu ihm und
sprecht den
Wunsch aus, mit ihm in Kontakt
treten zu dürfen.

Nehmt euch ausreichend Zeit
für diese Kontaktaufnahme und
zwar so lange, bis ihr ein
Gespür bekommt für dieses
feine Energiegebilde.
Vielleicht bekommt ihr
auch ein Bild vom Mentalkörper
vor eurem inneren Auge.
Egal welcher Art die
Kontaktherstellung ist,
nehmt das Gefühl oder das Bild
vom Mentalkörper ganz in euch auf
und an und laßt es
tief in euch eindringen.

Tretet ein in die Welt
des Mentalkörpers,
der Produzent ist eurer
Phantasien, Gedanken und Ideen.
In ihm befinden sich
Abfolgen von Glaubens-
einstellungen und Gedankenmustern.
In ihm schlummern
von euch unentdeckte neue
Gedanken und Ideen.
Nun, da ihr Kontakt
habt mit diesem Energiegebilde,
stellt euch vor, wie in etwa
in Höhe eures Halses
goldenes Licht in den
Mentalkörper eindringt.
Goldenes Licht, das

aus tausenden, leuchtenden,
vibrierenden Lichtpunkten
besteht, strömt in den
Mentalkörper ein und
füllt ihn ganz sanft und
sacht aus.

Die kleinen goldenen Lichtpunkte,
die vibrieren vor Heilenergie
füllen euren Mentalkörper
langsam und zart auf.

Der Mentalkörper wird
durchspült von diesem
goldenen Licht,
das aus tausenden
kleiner Lichtpunkte besteht.
Diese vibrierende Heilenergie
wirkt lebensspendend auf
den Mentalkörper ein.
Es ist so, als ob
ein neuer, frischer Wind
in ihn eindringt und auf
ihn heilend wirkt.
Dadurch wird geistige Unruhe
oder auch mentale Schwäche
ausgeglichen.

Langsam füllt dieses goldene
Licht den gesamten Mentalkörper auf.
Überallhin dringt dieses Licht.
Die kleinen goldenen, vibrierenden Lichtpunkte

kommen selbst an die hintersten und
verstecktesten Stellen des
Mentalkörpers.

Sie durchdringen auf sanfte Art
Gedankengebilde und Phantasien
und erhellen sie mit ihrem Licht.
Auf diese Weise wird
der Mentalkörper gereinigt und geklärt,
und er freut sich über
diese Art des Kontaktes.
Er freut sich über die
Aufmerksamkeit von euch.
Es ist eine neue Art
in Kontakt miteinander zu treten,
die von euch gepflegt werden sollte.
Jetzt hat sich der Mentalkörper
ganz aufgefüllt und
nun ist es an der Zeit,
den goldenen, kleinen,
vibrierenden Lichtpunkten,
noch grüne Lichtpunkte hinzuzufügen.
Zusätzlich zu den goldenen,
treten nun kleine grüne, vibrierende
Lichtpunkte in den Mentalkörper ein
und er wird langsam aufgefüllt,
bis er ganz durchwirkt ist
mit goldenen und grünen
Lichtpunkten.

Das Energiegewebe erstrahlt in
goldenem und grünem Licht.

Es ist ganz durchwirkt davon.
Vielleicht geschieht es am Anfang,
daß nicht alle Stellen das Licht
annehmen wollen.
Mit der Zeit werden auch sie
sich der Harmonie, der Heilung
hingeben wollen.
Habt Geduld mit ihnen,
nehmt auch diese Stellen an
und gebt ihnen immer wieder
die Chance sich mit diesem
Licht aus goldenen und grünen
Lichtpunkten aufzufüllen.

Und mit immer wiederkehrendem
Praktizieren der Übung wird
der Moment kommen,
wo das Energiegebilde
vollkommen erstrahlt im Licht.
Somit werden mit der Zeit
alte Gebäude von Gedanken
immer wieder durchleuchtet
mit goldenem Licht,
das Heilung und Harmonie bringt
und sie werden durchleuchtet
mit dem grünen Licht,
das Hoffnung und Mut schafft,
Neues anzugehen,
Neues zu erschaffen,
die Größe und Fähigkeit
des Mentalkörpers zu sehen
und danach zu handeln.

Gold wirkt heilend
und Grün erneuernd.
Beide Qualitäten sind
wichtig und wertvoll
für euren Mentalkörper.
Er freut sich über diese
Erfrischung.
Er entspannt sich,
er atmet auf.
Eine neue Qualität
kann in ihn einfließen.
Die Qualität von der
Weite und Unbegrenztheit
der Ideen und Gedanken.
Die Qualität von der
Leichtigkeit und Freiheit des Geistes.

Ihr seid nun ganz erfüllt
mit diesem Licht,
das euch Heilung, Ruhe und
Ausgeglichenheit geschenkt hat.
Euer Mentalkörper pulsiert
sanft mit diesem Licht
in einem Zustand
der Freude und Klarheit.
Verbleibt in diesem Zustand
so lange wie es sich gut für
euch anfühlt.

Dann verabschiedet euch
von eurem Mentalkörper,

bedankt euch für diese Zeit
der intensiven Zusammenarbeit
und kommt langsam
in euren physischen Körper und
in euer Zimmer zurück.

In Liebe, Sameen und die Weltenhüter.

Der vierte Energiekörper

Der vierte Energiekörper des Menschen ist der *Spiritualkörper*, der auch *buddhischer Körper* genannt wird. Er stellt nach den drei ersten Körpern des Menschen eine Besonderheit in jeder Hinsicht dar. Zunächst einmal ist er vollkommen losgelöst von der Form des physischen Körpers, welche die anderen Körper ja mehr oder weniger nachgezeichnet haben. Der Spiritualkörper befindet sich je nach Entwicklungsstand der drei ersten Energiekörper mehr oder weniger in ihrer Nähe, umhüllt sie oder auch nicht. Je mehr sich ein Mensch innerlich reinigt und sich den höheren Ebenen seines Bewußtseins öffnet, um so mehr zieht er den Spiritualkörper an und läßt sich von ihm leiten. Ohne innere Bemühung und ohne den innigen Wunsch, vom Spiritualkörper geleitet zu werden, geschieht gar nichts, und dieser schwebt wie in einiger Entfernung von den anderen Energiekörpern. Im krassesten Fall hat sich der Spiritualkörper sehr entfernt und erscheint wie eine verschwommene Blase vor dem inneren Auge des Sehers, die durch einen Verbindungskanal mit den anderen Energiekörpern verbunden ist. Über diesen Verbindungskanal gelangt aber immer noch die göttliche Energie des Spiritualkörpers in die anderen Energiekörper des Menschen hinein. Der Spiritualkörper erscheint in diesem Falle verschwommen, weil er sich sehr entfernt hat. Es ist aber kein Kriterium für seinen Zustand. Aufgabe und Ziel des Menschen ist es, sich durch innere Arbeit und Bemühung zu reinigen und zu klären und so den Spiritualkörper immer näher an sich zu ziehen, um sich am Ende ganz mit ihm zu vereinigen. Dadurch gelangt seine Energie im massiven Umfang in alle Körper und es herrscht ein großer Unterschied im Energiefluß im Vergleich zur

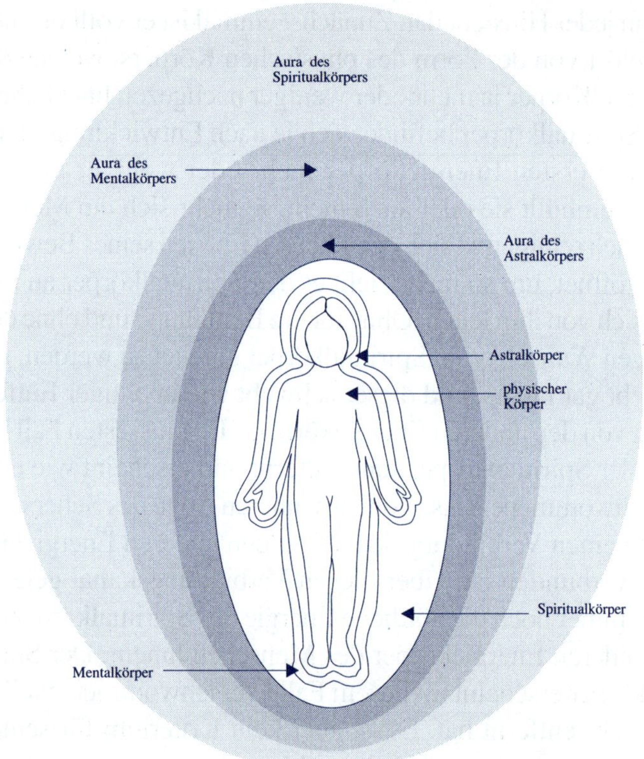

Ein Mensch mit Verbindung zum Spiritualkörper und mit gereinigten Energiekörpern.

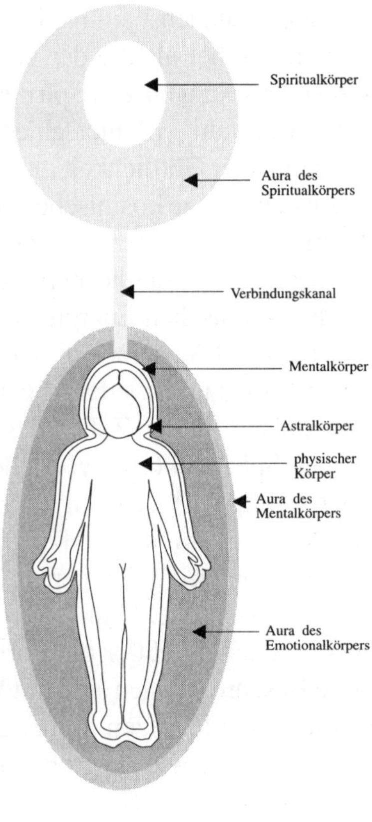

Ein Mensch mit geringer Verbindung zum Spiritualkörper und mit wenig ausgebildeten Energiekörpern (vor allem nicht der Mentalkörper).

Energiezufuhr durch den Verbindungskanal, wenn der Spiritualkörper sich entfernt hat.

Welche Aufgabe und Funktion hat der Spiritualkörper für das menschliche Dasein? Zunächst einmal ist die Schwingungsfrequenz wesentlich höher als die der vorherigen Energiekörper. Zwischen der Frequenz des Spiritualkörpers und der der anderen ist ein gewaltiger Unterschied. Diese Frequenz beinhaltet die Energie der Göttlichkeit und Einheit mit allem. Diese Frequenz ist eine reine kosmische Energie, die mit der kosmischen Energie des Universums verbunden ist und durch sie lebt. Der Kern des Spiritualkörpers pulsiert ständig im Rhythmus mit der kosmischen Energie des Universums. Es ist ein ständiges Ein- und Ausatmen dieser Energie, ein ständiges in sich Aufnehmen und wieder Abgeben. Die Weisheit des Universums pulsiert in den Zellen des Spiritualkörpers. Ihr könnt euch den Spiritualkörper vorstellen wie einen großen pulsierenden Zellkern. Wir sagten schon, daß dieser Körper keine menschliche Form mehr aufzeigt. Je mehr sich der Spiritualkörper den anderen drei Körpern nähert (immer durch die Bemühungen des Menschen!), um so größer wird die Ausstrahlung, um so mehr schließt er die Form der vorherigen Auren ein. Diese Beschreibungen sind mit Worten sehr mangelhaft ausgedrückt. Worte setzen immer gewisse Grenzen! Der Spiritualkörper ist also wie ein großer pulsierender Energiekern, der ebenso wie die anderen Energiekörper eine Ausstrahlung hat. Man könnte sagen, der Spiritualkörper stellt den göttlichen Kern oder Funken im Menschen dar, der aktiviert werden und der ihn ganz ausfüllen kann. Jeder Mensch hat einen Spiritualkörper und ist mit ihm, mehr oder weniger, verbunden. Jeder Mensch hat diese göttliche Verbindung zu sich selbst und zum Kosmos. Es kommt nur darauf an, wie der

Mensch diese Verbindung ausbaut. Die Verankerung des Spiritualkörpers an den physischen Körper ist das siebte Chakra und es fungiert auch als Eintritt des Verbindungskanals, wenn sich der Spiritualkörper entfernt hat.

Der Spiritualkörper ist der Sitz des *Höheren Selbst* des Menschen. Das Höhere Selbst des Menschen ist die Instanz, die frei ist von Gefühlen und Gedanken der irdischen Realität. Es hat und behält den Überblick. Es überwacht die jeweilige Inkarnation und kann, wenn nötig, auch eingreifen. Meist jedoch tut es dies nicht. Das Höhere Selbst entscheidet ebenso über die nächste Inkarnation. Es entscheidet, welche Lernerfahrung als nächstes wichtig ist, wiederum ohne verstrickt zu sein in Gefühle oder Gedanken. Das Höhere Selbst entscheidet aus einer rein wertfreien und neutralen Ebene heraus. Dies ist vielleicht schwer für euch zu verstehen. Es ist schwer für euch, sich vorzustellen, wie ein Teil von euch einmal entschieden hat, daß ihr z.B. in einem früheren Leben als Krüppel geboren wurdet, nur um Mitgefühl zu lernen und ohne auf eure Vorteile zu achten. Das Höhere Selbst ist sozusagen ohne menschliche Gefühle.

Es existiert also eine Instanz in euch, man kann sagen, in höheren Sphären, die euch beobachtet bei eurem Dasein, die nach eurem irdischen Tod entscheidet, welche Inkarnation als nächstes wichtig wäre, die euch in Leben hineinschickt, die manchmal angenehm, manchmal aber auch unangenehm sind und die manchmal sogar versucht, euch Botschaften zu senden. Ein Teil von euch hat also laufend den *Überblick*, ist sich laufend bewußt, welche Lernerfahrungen gerade durchlebt werden und wofür diese Erfahrungen wichtig sind. Vielleicht erinnert ihr euch das nächste Mal hieran, wenn ihr gerade in einem emotionalen, mentalen oder auch körperlichen Verwirrungszustand seid. Vielleicht hilft euch die Erinnerung an diesen Teil, euch zu fokussieren und klarer zu werden. Theoretisch bedeutet die Existenz des Höheren Selbst, daß ihr nur immer wieder Kontakt mit ihm aufnehmen müßtet, um zu Klarheit, Weisheit und Übersicht zu gelangen. In der Praxis bedeutet dies aber zunächst die Reinigung und Klärung eurer ersten drei Körper, Meditation und der Wunsch mit dem Höheren Selbst zusammenarbeiten zu können. Dies alles ist Voraussetzung für eine wirkliche, eine effektive Zusammenarbeit, für ein Verschmelzen dieses göttlichen Funkens in euch. Hierzu gehört ebenso, daß ihr fähig seid, innerlich still, geduldig und demütig zu sein. Daß nicht mehr *euer* Wille geschehen soll, sondern eine höhere Kraft durch euch sprechen und agieren kann. Das alles bedeutet, daß ihr zunächst einmal Platz in euch schaffen müßt und Platz entsteht durch jede Art von innerer Arbeit. Das Höhere Selbst kann euch nicht erreichen, wenn ihr hektisch, aufgewühlt, wütend oder traurig seid, d.h. wenn ihr verstrickt in eure Gedanken oder Gefühle seid. Doch wenn ihr diese innere Arbeit tut, wenn ihr all die Bemühungen auf euch nehmt und euch klärt, wird es für den Spiritualkörper möglich, immer näher an die anderen Körper heranzuwachsen. Es geschieht dann im wahrsten Sinne eine gegenseitige Annäherung aller Körper. Erstens durch die Ausdehnung und Klärung der ersten drei Körper und zweitens, weil der vierte Körper durch diese Klärung und durch euren Wunsch angezogen, quasi eingeladen wird, mit den anderen zu verschmelzen. Doch eine Verschmelzung der ersten drei Körper mit dem vierten Körper ist erst möglich, wenn die ersten drei gereinigt sind. Ist dies verständlich? Es ist sehr wichtig und macht euch die Bedeutung der inneren Reinigung noch einmal eindringlich klar! Der vierte Körper mit seiner viel höher schwingenden Frequenz kann erst mit den anderen Energiekörpern verschmelzen, wenn sie fähig dazu sind, diese Energie in sich aufzunehmen in vollem Umfang. Deswegen ist eine vorherige Reinigung und ein schrittweises Annähern und vertraut werden nötig.

Bei einem Verschmelzen gelangt die höherschwingende kosmische Frequenz des Spiritualkörpers in die anderen Energiekörper und durchdringt sie mit ihrer Energie. So gelangt auf alle Ebenen eures irdischen Daseins diese hochschwingende Energie und gibt Impulse von Göttlichkeit, Einssein und Unsterblichkeit. Dadurch geschieht in den Energiekörpern eine erneute Reinigung und Ausrichtung. Letzte Unreinheiten und Blockaden werden ausgespült und eine Umpolung beginnt. Auf diese Arbeit müssen die drei ersten Körper natürlich vorbereitet werden. Es ist genauso wie bei der Arbeit mit den Chakren, wo ihr auch nicht mit der Aktivierung des siebten Chakras beginnen solltet, bevor ihr nicht die anderen gereinigt habt. Die Umpolung der drei ersten Körper bei dieser Verschmelzung mit dem vierten Körper, bedeutet die vollkommene Ausrichtung und Kristallisation auf diese höhere Ebene. Dann werden sie geleitet und geführt von der Ebene des Spiritualkörpers. Doch dies ist bereits eine sehr hohe Form des Daseins, es heißt, ein Mensch ist erleuchtet. Er lebt nicht mehr von der Ebene *seines* Willens aus, sondern von einer weit höheren Ebene aus.

Arbeitet ein Mensch an seinen Chakren und an seinen Energiekörpern in jeder möglichen Art, die zur Verfügung steht, so geschieht eine Kristallisation und es entsteht Platz in seinem System. Unruhe verschwindet, zeitweilige Ruhe tritt ein und eine Annäherung des Spiritualkörpers wird möglich. Die

Meditationsübungen in diesem Buch sind eine direkte Vorbereitung für die Verschmelzung aller Körper. Durch das Praktizieren der Übungen und mit Einhaltung eines drei Wochen Rhythmus, wird die Voraussetzung geschaffen, diese Ebenen eures Seins zu erfahren und zu reinigen, damit sie in größerer Einheit miteinander arbeiten können. Doch es ist auf Dauer nichts getan, wenn ihr meint, damit eure Aufgabe erledigt zu haben. Es ist keine Arbeit auf begrenzte Zeit. Es ist eine Aufgabe für das ganze Leben, sich immer und immer weiter zu entwickeln und neue Ebenen zu durchschreiten. Es ist sozusagen ein Lebensstil! Es ist die Richtung, der Stil, der euer Leben bestimmen sollte und es ist der größte Luxus, das größte Geschenk, das ihr euch bereiten könntet.

Der Spiritualkörper ist die gesamte Zeit, man kann sagen, in einem vollkommenen Zustand der Ruhe und Harmonie. Egal welches Leben gerade gelebt wird, ob es freudig oder schmerzvoll ist, der Spiritualkörper bleibt unberührt davon. Dies bedeutet aber nicht, daß das Wesen des Spiritualkörpers kalt und herzlos ist. Nein, im Gegenteil, er behält einfach den Überblick und weiß zu jeder Zeit, wofür etwas wichtig und gut ist. Er *weiß*. Durch das Pulsieren des inneren Kerns des Spiritualkörpers mit der Energie des Universums ist er zeitlos, lebt er nicht in der Zeit, sondern er *ist* einfach. Er existiert ohne Zeitbegrenzung und ohne Kategorien wie Vergangenheit und Zukunft. Der Spiritualkörper ist derjenige Körper, der über die Zeiten eurer Inkarnationen nie die Form wechselt.

Ihr wechselt physische Körper, und mit ihnen verändern sich Emotional- und Mentalkörper. Doch der Spiritualkörper bleibt gleich, wenigstens der Kern. Je mehr ihr euch aber an die Existenz dieser höheren Ebene erinnert, um so mehr verändert sie sich. Die Annäherung kann dann stattfinden und die Aura des Spiritualkörpers nähert sich den anderen Körpern. In gewissem Sinn bleibt also der Spiritualkörper immer gleich und doch könnt ihr auch ihn aktivieren, so daß ein Verschmelzen stattfinden kann. Dies hat immer eine große Bedeutung für den Menschen und sein Leben verändert sich dann radikal. Meist ist es aber leider so, daß sich die Menschen über diese höhere Ebene ihres Seins nicht bewußt sind und sie niemals Zugang dazu haben. Meist sind sie auf eine oder auf zwei der unteren Ebenen fixiert und verstrickt darin. Das hat die Auswirkung wie in der Abbildung am Anfang des Kapitels gezeigt, daß sich der Spiritualkörper in einiger Entfernung von den anderen Körpern aufhält und mit ihnen nur über einen Verbindungskanal verbunden ist. Der Spiritualkörper sendet auf diesem Wege Energie in die Ebenen des Menschen, wenn auch auf eingeschränkte Art. Er sendet aber *immer* Energie. Doch bei einer eingeschränkten Weise wird der Spiritualkörper nicht sehr in das tägliche Leben und Sein des Menschen integriert. Die Qualitäten der Göttlichkeit, des Einsseins mit der Existenz tröpfeln nur in geringem Umfang in die Ebenen des Menschen und werden höchstwahrscheinlich von ihm gar nicht wahrgenommen. Der Spiritualkörper hat in diesen Phasen des Menschen sozusagen nicht sehr viel zu tun. Er beobachtet, er wartet ab, er ist geduldig! Doch worauf wartet er? Ja, er wartet auf euch! Laßt es uns einfach so ausdrücken, obwohl es nicht ganz korrekt ist, da er ja zeitlos ist und nicht warten kann. Aber wir wollen es in Worten einmal so ausdrükken, daß er darauf wartet, bis ihr erwacht, bis ihr erkennt, daß ihr die Qualität der Göttlichkeit in euch tragt. Was bedeutet die Qualität der Göttlichkeit und des Einsseins? Es heißt und bedeutet, daß ihr die Fähigkeit zu Vollkommenheit, Reinheit und Einssein mit Allem in euch tragt. Es bedeutet, daß ihr selbst die Göttlichkeit *in euch* tragt, die ihr so oft in anderen sucht. Es bedeutet, daß ihr erkennt, daß ihr zu diesen Qualitäten erwachen müßt! Die Götter und Heiligen sind nicht die anderen. Der Gott in euch ist zu aktivieren! Der Name *buddhischer Körper* für den vierten Körper ist schicksalsschwanger. Ihr müßt den Buddha in euch erkennen, ihr müßt ihn an euch heranholen und mit ihm verschmelzen!

Der Spiritualkörper besteht also nach dem Tod des physischen Körpers weiter. Die Essenz von Emotional- und Mentalkörper verschmilzt mit dem Spiritualkörper und wird in der Phase vom physischen Tod bis zu einer neuen Inkarnation aufgeladen und erneuert. In ähnlicher Weise ist es nach dem Tod mit den Chakren. Vor der Auflösung des ätherischen Körpers, der nach dem Tod noch ein paar Tage weiterexistiert, gelangen die Ur-Informationen und Ur-Muster aller Chakren über das siebte Chakra in das Höhere Selbst und werden dort sozusagen gespeichert. Die Chakren lösen sich zusammen mit dem ätherischen Körper auf. Bei einer neuen Inkarnation fließen in den ersten Monaten des Neugeborenen die Ur-Informationen der Chakren und der Energiekörper über das in diesen ersten Monaten weitgeöffnete siebte Chakra, vom Höheren Selbst aus, ein. In diesen ersten Monaten einer neuen Inkarnation werden die Chakren neu gespeist mit diesen Informationen, die Energiekörper sind neu belebt und somit ist alles voll funktionsfähig. Vor allem die Verbindung zum vierten Körper, zum Höheren Selbst, ist besonders stark und ausgeprägt. Diese Zeit ist als eine Übergangszeit zu betrachten und zwar vom außerkörperlichen zum körperlichen Dasein. Die in dieser Zeit besonders starke oder noch starke Verbindung zum vierten Körper zeigt sich auf physischer Ebene durch die noch nicht zugewachsene Schädeldecke. Dies ist symbolisch zu sehen!

Das siebte Chakra ist weit geöffnet in dieser Zeit, die Verbindung zum vierten Körper ist vollkommen vorhanden. Man kann sagen, das Baby lebt in dieser Zeit besonders vom siebten Chakra aus. Es ist ein kleiner Buddha, der bei jeder Geburt ans Tageslicht kommt! Nach und nach tröpfeln dann die Ur-Informationen der vergangenen Leben über das siebte Chakra in die anderen Chakren ein und geben ihnen ihre Prägung. Ganz am Anfang nach der Geburt ist das Baby noch wie ein unbeschriebenes Blatt. Mit den Monaten bilden sich bereits die Muster dieses Lebens, die gelöst werden sollten, heraus. Dieses Geschehen nach einer Geburt ist jedesmal wie ein Wunder. Es ist ein energetisch sehr schönes Bild, wenn ihr die Chakren und die Energiekörper von kleinen Babys betrachtet und das Beeindruckenste ist die Öffnung des siebten Chakras. Da die Chakren in diesen Zeiten vollkommen offen sind, sieht und empfindet ein Baby auch ganz anders. Es empfängt direkt und auf rein energetische Art Gefühle und Gedanken und reagiert direkt und ohne Vorbehalte auf seine Weise. Es sieht in Energiemustern, wenn wir es so ausdrükken können. Es ist noch nicht fixiert auf die materielle Form und kann am Anfang die Augen auch noch nicht fokussieren. Mit den Monaten, wenn es immer mehr in die materielle Ebene hineinwächst, kann es die physischen Formen erkennen. Doch vorher sieht es auf rein energetische Art in Mustern und Farben. Man kann es so ausdrücken, es sieht nicht euren Körper, sondern die Energie davon und ebenso die Energie eurer Gefühle und Gedanken.

Der Spiritualkörper ist also auch der Speicher von Informationen eurer vergangenen Leben und seiner Muster während der Übergangsphase zu einer neuen Inkarnation. Deswegen ist es möglich, daß ihr Muster immer und immer wieder lebt, bis ihr sie auflöst. Durch den physischen Tod werden sie nicht aufgelöst. Allein durch eure Zuwendung und Reinigung löscht ihr sie aus eurem System! Anhand der vorhandenen Muster entscheidet der Spiritualkörper oder das Höhere Selbst, welche Art von Leben euch die Chance geben würde, an diesen Mustern zu arbeiten, und entschließt sich dann zu dieser Inkarnation. Ihr seht, es gibt also eigentlich kein Entrinnen vor euren Ängsten und Schwächen. Das Beste ist, ihr beginnt sofort mit ihrer Klärung und Auflösung.

Das siebte Chakra ist das Verbindungsglied des Spiritualkörpers zu den anderen Energiekörpern. Es ist die Verankerung des vierten Körpers an den physischen Körper. Diese Verankerung ist sehr wichtig für den Menschen, und ihr seht aus dem vorliegenden Text, daß das siebte Chakra viele weitreichende Aufgaben hat. Es garantiert die ständige Verbindung zum buddhischen, zum vierten Energiekörper des Menschen. Diese Verbindung zeigt, wie sehr der Mensch zu seinem eigenen *inneren Gott* oder zu seiner *Göttlichkeit* steht. Beschränkt sich ein Mensch auf ein rein materielles Leben, wird diese Verbindung auf das Mindestmaß beschränkt sein. Über das siebte Chakra wird dann gerade soviel Energie in das System dieses Menschen gelangen, wie es zum Leben nötig ist. Doch der Sinn des menschlichen Daseins ist nicht allein die Ausrichtung auf die Materie und die Befriedigung der drei ersten Chakren des Menschen. Dies würde eine sehr große Sinnbeschneidung an der Aufgabe des Menschen sein. Durch eine rein materielle Ausrichtung wird das Potential, das in jedem Menschen schlummert, sehr stark eingeschränkt. An einem Vergleich können wir euch dies gut vor Augen führen. Stellt euch eine Glühlampe mit einem Dimmer vor. Der Mensch heutzutage ist mit der untersten Stufe des Dimmers zu vergleichen. Das Potential ist auf die unterste Stufe reduziert. Es geht nur noch um Geld und Macht, eben um die Materie! Wie schon am Anfang dieses Buches erwähnt, das künstlerische Potential der Menschheit, das die Musik, die Dichtkunst, die Malerei, den Tanz umfaßt, schränkt sich immer mehr ein. Die Glühlampe ist nahe am Ausflackern. Der Dimmer der Glühlampe hat aber noch viele verschiedene Stärkegrade, die der Mensch in sich aktivieren und zum Strahlen bringen könnte. Dies geschieht meist stufenweise und ist wie eine Annäherung an den höchsten Grad des Leuchtens. Doch durch eine weitere Ausrichtung auf die Materie schwächt sich die Menschheit, und an eine Stärkung ist nicht zu denken. Nur durch die Ausrichtung auf Qualitäten wie Hoffnung, Mut, Liebe und Schönheit wird eine Veränderung eingeleitet. Nur durch die Ausrichtung auf die höheren Qualitäten und Ideale des Menschen und durch den innigsten Wunsch, nach diesen zu leben, geschieht eine Umpolung. Dadurch kann die *Lampe* stärker strahlen. Doch versteht dies nicht falsch. Die materielle Ebene des Menschen muß geregelt sein und alle Bedürfnisse müssen im ausreichenden Maße erfüllt werden. Eine alleinige Ausrichtung auf diese Ebene ist aber ungesund für den Menschen. Liebe, hohe geistige Werte, religiöse Andacht, all dies sind Anteile im Menschen, die gelebt werden wollen. Werden sie unterdrückt auf Dauer, stirbt etwas im Menschen ab, schrumpft etwas zusammen, verliert sein Leben an Qualität, flackert die Glühlampe nur noch. Je mehr ihr euer Energiesystem, damit meinen wir die Chakren und die Körper, aktiviert und reinigt, um so mehr könnt ihr Energie in euch aufnehmen. Euer Potential zu Liebe, Glück und Geistigkeit wird angeregt und ihr könnt diese Qualitäten in euer tägliches Leben integrieren. Die *Glühlampe* kann in zunehmendem Maße strahlen. Mehr Energie wird in eurem

System pulsieren können und es wird dadurch mit der Zeit mehr Energie in sich aufnehmen können. Die Chakren und die Energiekörper werden sich ausdehnen und der Spiritualkörper wird sich bei eurer Kontaktaufnahme immer mehr annähern können. Was wird dadurch erreicht? Mit der Zeit, wenn sich die ersten drei Körper mit dieser Annäherung vertraut gemacht haben und auch wenn die Chakren diese Energie leichter absorbieren können, wird eine enge Zusammenarbeit möglich. Wir erwähnten im ersten Buch, daß die Aktivierung des siebten Chakras langsam vonstatten gehen sollte, da dadurch eine hochschwingende Energiefrequenz in das gesamte Chakrensystem einfließt. Dieses Vertrautwerden braucht seine Zeit. Ebenso ist es mit den Energiekörpern beim Heranholen des vierten Energiekörpers. Die höherschwingende Energie des vierten Körpers gelangt dadurch in die anderen Körper und in die Chakren. Wird dies über längere Zeit praktiziert, verfeinert sich das gesamte Energiesystem und das Höhere Selbst kann in direktem Maße das Leben mitbestimmen und gestalten. Dadurch geschieht eine direkte Verbindung zum Höheren Selbst und schließlich eine Vereinigung mit ihm.

Durch eine immer stärker werdende Verbindung zum Spiritualkörper gelangt in euer tägliches Leben eine größere Ruhe und Gelassenheit, die aus eurem Wissen um eure Bestimmung resultiert. Es entsteht in euch ein Überblick, der über den Rahmen eurer momentanen Existenz weit hinausragt. Ihr könnt plötzlich Zusammenhänge erkennen, die früher für euch wie hinter einem Nebel verhangen erschienen. Alles klärt sich sozusagen auf, was besonders eine drastische Auswirkung auf euren Emotional- und Mentalkörper hat. Sie werden sozusagen kristallisiert und Muster werden von dieser höheren Warte aus, oder durch diese höhere Lebensqualität besser verstanden. Zusammenhänge, Entstehung und Ursache von Mustern werden gesehen und erkannt auf einer tiefen Erkenntnisebene und so endgültig aufgelöst. Auch dies dauert eine Zeit, bis die Muster letztendlich völlig aus dem Energiesystem verschwinden. Doch die fortdauernde Verbindung zum Spiritualkörper und seiner hochschwingenden Energie hilft dem Emotional- und dem Mentalkörper bei der Auslöschung der Muster. Ihr seht, zunächst müßt ihr also die ersten drei Energiekörper reinigen, aber durch die Kontaktaufnahme zum vierten Energiekörper wird eine erneute Reinigungs- und Energetisierungsphase ausgelöst, die die Energiekörper bei der Auflösung festsitzender Muster unterstützt.

Durch seine Unabhängigkeit von den ersten drei Energiekörpern behält der Spiritualkörper immer seine Energie bei. Er bleibt immer in seiner ihm eigenen hohen Frequenz, er bleibt immer im Zustand von Zeitlosigkeit und im Wissen um die Ewigkeit allen Seins. Der Spiritualkörper kann nicht, so wie die anderen Energiekörper, durch eure Lebensart und Lebenseinstellung geschwächt werden. Wendet ihr euch ihm nicht zu, so entfernt er sich, bleibt aber mit euch verbunden. Er bleibt in seiner Energie, die durch nichts zu verändern ist. Er ist sozusagen außerhalb eurer Reichweite für negative Beeinflussung. Für positive Zuwendung ist er erreichbar. Er ist also für die meisten Menschen weit entfernt und doch so wichtig. Über den vierten Körper gelangen, selbst wenn nur im geringsten Umfang, die für den Menschen so wichtigen Qualitäten, die ihn erst zum Menschen werden lassen, zu ihm. Durch den Spiritualkörper entstehen religiöse Gefühle im Menschen, auch wenn diese oft in die verrücktesten Bahnen geleitet und mißverstanden werden.

Wir meinen, wahre Religiosität und Spiritualität machen den Menschen zu dem erhabenen Wesen, das es eigentlich sein sollte. Nur durch Kontemplation und Transformation entstehen die wahren Qualitäten des Menschen. Würde wahre Religiosität auf der Erde herrschen, würde sie friedlich aussehen. So aber herrschen Glaubenskriege auf der Erde. Welch eine Ignoranz! Im Namen der Religion wurden im Laufe der Jahrhunderte Millionen und Abermillionen von Menschen abgeschlachtet. Im Namen der Religion werden unmenschliche Verhaltensregeln aufgestellt und eine Moral kreiert, die dem menschlichen Gemüt entgegensteht. Dies hat nichts mit wahrer Religion zu tun, dies ist Mißbrauch von religiösem Gedankengut! Wahre Religiosität beinhaltet immer die Gesetze der Universalität und des Herzens! Wahre Religiosität hat niemals etwas mit nur einer Religion zu tun, welche die einzig Richtige und Wahre ist. Der Zeitpunkt für die Menschheit ist gekommen, dies zu erkennen, denn sonst wird sie sich im Namen ihrer jeweiligen Religionen vollständig ausrotten. Wie lange sollen die Kriege zwischen Christen und Moslems, zwischen Juden und Palästinensern usw. noch weitergehen? Bis kein Mensch mehr auf Erden wandelt? Einsicht und Verständnis *muß* in den Menschen geschehen.

Wahre Religiosität *versteht*. Wahre Religiosität erkennt die verschiedenen Formen von Religion als unterschiedliche Aspekte des Einen an. Würden die Menschen beginnen, sich zu reinigen, so würde unweigerlich eine Reform der Religionen eingeleitet und verstaubte Werte und Rituale aus alter Zeit würden entfernt werden. Religionen haben dem Menschen im Laufe der Jahrhunderte mehr geschadet als geholfen. Seht euch doch einfach die Geschichte an. Seht die Glaubenskämpfe, das Abschlachten, die Verbrennungen, die Machtkämpfe! Einzelne wahre religiöse Menschen wurden fast sofort vernichtet. Religionen haben unendliches Leid über die Menschheit gebracht, vor allem die organisierten Religionen. Die Zeit ist angebrochen, daß sich die Menschheit befreit von all diesen sogenannten Religionen und sich zu ihrer wahren Religiosität und Spiritualität bekennt. Wahre Religiosität ist nie in einer organisierten Form zu finden. Erkennt dies. Wahre Religiosität und Spiritualität entsteht immer im Innersten des Menschen. Religionen wurden sehr oft als Krücke oder als Ersatz für dieses Nicht-suchen-wollen von den Menschen genommen. Aus Angst vor der Innenschau, aus Angst vor dem Alleinsein, das zunächst bei einer solchen Suche entsteht, haben sich die Menschen gerne in die Hände von Priestern und sogenannten Gottesmännern gegeben. Welch ein Irrtum! Leichtfertig gaben die Menschen ihre eigene Göttlichkeit ab, übernahmen keine Verantwortung und überließen die Göttlichkeit lieber anderen, die sie dann anbeten konnten. Daraus entstanden die organisierten Religionen. Gewitzte Menschen sahen darin ein gutes Geschäft, übernahmen die gewünschten Rollen und zogen sich die Talare an, die sie erhaben und heilig aussehen ließen. Bedenkt, wir sprechen jetzt nicht von wahren religiösen Menschen, die ihr höchstes Ziel erreichten. Wir sprechen jetzt nicht von den wahren Erleuchteten, die den Menschen Lösungen aufzeigten. Wir sprechen von denen, die nach ihnen kamen, die dem Ganzen eine Form geben wollten und die nicht wirklich erleuchtet und religiös waren. Nahezu nach jedem großen Erleuchteten ist eine organisierte Religion gegründet worden. Zum Schaden der Menschheit! Meint ihr, Jesus hat sich die Glaubenskriege oder die Hexenverbrennungen gewünscht? Er predigte von Liebe, er predigte universelle Gesetze! Dadurch, daß die Menschheit nicht die Verantwortung übernimmt für ihre eigene innere Göttlichkeit, wird sie manipulierbar und wird sie immer und immer wieder ausgenutzt. Solange die Menschheit keine Verantwortung übernimmt, hält sie sich in einem blinden Zustand! Erst wenn sie sich an ihr eigenes inneres Licht erinnert und es erglühen läßt, werden die organisierten Religionen wegfallen und mit ihnen die gegenseitige Zerstörung. Erst wenn der Mensch seine Verantwortung für sich, sein Leben und seine Spiritualität erkennt, ist er nicht mehr manipulierbar und ausnutzbar.

Welch ein Paradies könnte dann
auf Erden entstehen!
Wir rufen euch auf, zu erkennen,
daß ihr Licht und Liebe seid.
Wir rufen euch auf,
dafür Verantwortung zu übernehmen
und danach zu leben.
Wir rufen euch auf,
eurer Göttlichkeit zu folgen
und sie nicht weiterhin
zu ignorieren.

Vieles würde sich dann ändern. Die Lehren der Erleuchteten würden nicht weiterhin in organisierten Religionen mißbraucht werden zum eigenen Zweck, sondern würden als Unterstützung der Menschheit auf ihrem Weg zu Liebe und Licht gesehen werden. Jede einzelne Lehre würde respektiert und geehrt werden, doch nicht mißbraucht, so wie es heutzutage geschieht. Menschen würden die Lehren der Meister nicht mehr zu ihrem Zweck und zur Verschleierung ihrer eigenen Schwächen einsetzen. So könnte wahre Religiosität entstehen. Wieso entstand überhaupt dieser Irrtum der organisierten Religionen? Er konnte nur entstehen aus der Unreife und Verunreinigung der Menschheit. Wenn ihr dies von der Ebene der Energiekörper betrachten wollt, ist es mit der Verunreinigung der ersten drei Energiekörper zu erklären. Durch eine Unausgebildetheit dieser drei Energiekörper konnten all die Dramen für die Menschheit entstehen. Doch nun reift die Zeit langsam, daß die Menschheit, oder wenigstens ein Teil davon, die Wichtigkeit der eigenen inneren Reinigung erkennt und sieht, daß dies der erste Schritt zur globalen Besserung ist. Durch die Reinigung der ersten drei Energiekörper geschieht eine insgesamte Klärung und Platz entsteht, damit die Energie des vierten Körpers langsam immer mehr aufgenommen werden kann. Erkenntnis über die eigene innere Göttlichkeit und über die Verantwortung, sie in das Leben einfließen zu lassen, kann sich dann ausbreiten. Dies ist ein Schritt, der wirklich Verantwortung voraussetzt, denn vieles wird sich dadurch verändern, was oft gar nicht voraussehbar war und was eure Vorstellungsgabe übertrifft.

Nie mehr werdet ihr dann eure Augen
verschliessen können vor Ungerechtigkeit und Leid,
nie mehr werdet ihr Kompromisse machen können,
nie mehr werdet ihr manipulierbar sein,
niemand wird euch mehr ausnutzen
oder hintergehen können.

Alles in allem, ihr werdet gefährlich für die Machtinteressen anderer. Höchstwahrscheinlich werdet ihr ein Außenseiter für alle, die nicht so denken und empfinden wie ihr! Ihr werdet für sie wahrscheinlich nicht einzuordnen sein und ihnen als ein Exot erscheinen! Ihr werdet aus der Masse herausstechen. Doch wir wünschen uns dies für euch alle. Jeder von euch soll ein Exot auf dieser Erde werden. Welch ein Vergnügen dann, auf der Erde zu sein und anderen Menschen zu begegnen! Die neue Rasse der Menschheit wird aus Exoten, aus wahren religiösen Menschen bestehen, die sich gegenseitig lieben und akzeptieren. Die sich bewußt sind über ihre Verantwortung der eigenen inneren Zuwendung und die erkannt haben, daß dies der erste Schritt ist für eine Besserung auf allen Ebenen des menschlichen Seins und für die Erde. Noch seid ihr sozusagen die Vorreiter, die Wegbereiter dieser neuen Rasse. Doch wir sagen euch, es werden mehr und mehr Menschen werden, die nach dem neuen Gedankengut leben wollen. Das Leid der Menschheit ist so groß, ist so unendlich, daß nun die Wendezeit gekommen ist, daß es nun Menschen geben muß, die entscheidende Schritte einleiten.

Ihr, die ihr dies nun lest,
gehört zu diesen Menschen.
Ihr seid die Vorreiter,
ihr seid die Wegbereiter.
Beginnt bei euch,
beginnt mit der Arbeit.
Laßt euch durch nichts aufhalten.
Das, was ihr jetzt vielleicht alleine tut,
werden bald abertausende von Menschen
gemeinsam tun.
Es ist der Weg zur Göttlichkeit,
es ist der Weg zum Licht!

Die **Affirmation** für die Herstellung der Verbindung zum Spiritualkörper lautet:

Ich, ..., bin nun bereit mich
mit meinem buddhischen Körper
zu verbinden und seine Energie
in alle Ebenen meines Seins aufzunehmen.

Die **Meditationsübung** zur Herstellung der Verbindung zum Spiritualkörper:

Gestaltet den Raum, in dem ihr die Übung macht festlich. Zündet eine Kerze und eine Duftlampe an. Stellt euch eine Blume in den Raum und vor allem seht, daß ihr durch nichts während dieser Zeit gestört werden könnt. Dann setzt oder legt euch hin, schließt eure Augen und beginnt mit dem ersten Teil, der Entspannung des physischen Körpers, so wie ab Seite 48 beschrieben. Dann könnt ihr mit der eigentlichen Übung fortfahren.

Jetzt, wo der physische
Körper entspannt und warm ist,
bleibt er während der weiteren
Dauer der Übung in diesem
Zustand der Ruhe und Harmonie
und wir können mit
der Kontaktaufnahme
des Spiritualkörpers beginnen.

Atmet noch einmal
tief ein und aus.

Sprecht dann den inneren
Wunsch aus,
in Kontakt mit eurem Spiritualkörper
treten zu dürfen.
Ruft euren vierten Körper,
holt ihn sozusagen in Reichweite
und bittet ihn um Kontakt.

Stellt euch vor,
daß der Spiritualkörper,
wie eine weiße Wolke
über euch schwebt.
Diese weiße Wolke
ist immer da,
ob ihr dies bisher
gemerkt habt oder nicht.
Sie schwebt leicht
über euren anderen Energiekörpern
und euer Wunsch
in Kontakt mit ihr zu kommen,
holt sie langsam und sanft
immer näher an euch heran.
Seid ganz aufmerksam und still,
betrachtet und fühlt
dieses Energiegebilde.
Begrüßt es,
sagt "Hallo" zu eurem Spiritualkörper,
der euer Begleiter ist
in guten, wie in schlechten Zeiten
eures Lebens.
Er ist die Aufenthaltsstätte
eurer Essenz, während der Zeit zwischen

zwei Inkarnationen.
Der Spiritualkörper ist
euch nichts Fremdes,
so wie ihr vielleicht glaubt.
Nein, er ist etwas
zutiefst Vertrautes
und Bekanntes, er ist
euer ewiger Kern!

Fühlt, wie ihr ihn
näher an euch
heranholt und spürt
seine Energie immer
intensiver.
Laßt diese Energie
näher an euch
herankommen,
öffnet und
sensibilisiert euch für sie.
Jetzt ist die weiße Wolke
direkt über euch
und dringt langsam
und sanft über
das siebte Chakra
in euch ein.

Die Energie des vierten Körpers,
des Spiritualkörpers,
hüllt euch nun ein,
füllt insgesamt alle
Ebenen eures Seins auf
mit seiner Energie.

Der Kern des Spiritualkörpers
füllt euch auf mit
seiner göttlichen, kosmischen
Energie und schenkt
euch Impulse von
Glück, Zufriedenheit
und Einssein mit Allem.
Die Aura des Spiritualkörpers
durchdringt euch
und strahlt weit über
euren physischen und eure
anderen Körper hinaus.
Die Aura durchwirkt
alle Ebenen eures Seins,
die erstrahlen mit
dieser Energie.

Ihr seid in einem
Zustand höchster
Wachheit und Aufmerksamkeit.
Ihr seht und fühlt
die Energie des Spiritualkörpers.
Ihr nehmt diese Energie
ganz in euch auf.

Ihr seid vereint
mit eurem Spiritualkörper.
Ihr seid eins mit ihm
und zu diesem Gefühl,
kommt noch ein größeres
Gefühl hinzu,
nämlich das Einssein mit Allem,

mit der Existenz.
Große Dankbarkeit erfüllt
euer Herz.

Ihr spürt die Gewißheit,
die Unendlichkeit.
Ihr spürt die Größe
und Schönheit eures Seins.
Ihr spürt ebenso die
ständige Anwesenheit
dieser Ebene und wißt nun,
daß sie für euch jederzeit
zu erreichen,
sozusagen abrufbar ist.

Verbindet euch noch mehr
mit eurem Spiritualkörper,
atmet ihn noch mehr ein.
Alle Poren, alle Zellen,
füllen sich auf mit seiner Energie.
Wenn ihr eine Farbe
für die Aktivierung dieser
Begegnung hinzuziehen wollt,
so stellt euch
ein strahlendes, reines Weiß vor.

Weiß ist die Farbe des
Spiritualkörpers.
Er schwingt mit dieser Farbe und
wenn ihr sie visualisiert,
wird die Begegnung mit eurem
Spiritualkörper verstärkt.

Diese Begegnung ist ein Fest!
Es ist die Vereinigung mit
euch selbst,
es ist die Vereinigung mit
eurer Göttlichkeit.
Bleibt mit eurem Spiritualkörper,
so lange wie es sich für
euch gut anfühlt.
Das Wichtigste ist,
ganz aufmerksam zu bleiben
und seine Energie aufzunehmen.
Vielleicht empfangt ihr
eine Botschaft von ihm,
vielleicht könnt ihr euch mit
ihm unterhalten oder
er schickt euch Impulse
und Lösungen für bestimmte Dinge.
Wie auch immer der Kontakt aussieht,
seid dankbar für das,
was geschieht.

Zum Abschluß bedankt
und verabschiedet euch
bei ihm und sprecht
den Wunsch aus,
nun öfter mit ihm
zusammenzutreffen.
Dann kommt langsam
in euren physischen Körper
und in euer Zimmer zurück.

In Liebe, Sameen Al Hoskia Ra und die Weltenhüter.

Die Verbindungen der Energiekörper

Das Zusammenspiel der ersten drei Energiekörper

Nun, da ihr die Bedeutung und die Existenz eurer Energiekörper kennengelernt habt, können wir weiterfahren. Zunächst möchten wir auf die Wichtigkeit der Verbindung und auf das Zusammenspiel der ersten drei Energiekörper näher eingehen. Aus dem vorliegenden Text habt ihr schon die enge Verwobenheit dieser Körper erkannt. Der physische Körper, der Emotional- und der Mentalkörper sind wie *ein* System, obwohl jeder von ihnen seine eigene Aufgabe, sein eigenes Aussehen und seine eigene Frequenz hat. Alle drei durchwirken sich. Alle drei sind abhängig voneinander. Da der Spiritualkörper in dieser Beziehung eine Ausnahme bildet, gehen wir später auf die Beziehung zwischen ihm und den ersten drei Energiekörpern ein.

So wie sich die Chakren gegenseitig bedingen, tun dies auch die ersten drei Energiekörper. Es ist ein ständiger Informationsaustausch, eine ständige Kommunikation zwischen ihnen, wobei die Energien der Impulse immer umgewandelt werden müssen in die Frequenz des jeweiligen Energiekörpers. Es entsteht so eine ständige Energieumwandlung und -transformation, die je nachdem welche Energie gesendet wird, in einem hohen feinen Energieniveau liegen kann bis hin zu einem eher groben. Dies wollen wir veranschaulichen. Durch negative Gedanken über euch selbst entstehen negative Gefühle, die bis hin zu einer schweren Krankheit führen können. Der Auslöser war hierfür eine negative Einstellung im Mentalkörper, was sofort eine negative Einstellung des

Emotionalkörpers erzeugte. Diese ständige Spannung im Mental- und Emotionalkörper schlägt sich entweder sofort oder nach einer gewissen Zeit im physischen Körper nieder. Negativität auf den Ebenen von Mental- und Emotionalkörper materialisiert sich früher oder später. Hierbei ist es nicht entscheidend, ob diese Negativität bewußt oder unbewußt erlebt wird. Ein Ausdruck der vorherrschenden Negativität sich selbst gegenüber zeigt sich häufig in Krebs. Diese Krankheit ist weitverbreitet und wird von den Ärzten nicht erkannt. Krebs ist *immer* Ausdruck von Negativität sich selbst gegenüber. Er zeigt immer eine innere Spannung und Unausgeglichenheit auf. Je nachdem, wo der Krebs im Körper vorkommt, kann er analysiert werden und zeigt die Ursache auf. Bei der Analyse und anschließenden Therapie ist es entscheidend, in welcher Gegend eines Chakras der Krebs vorkommt. Krebs ist Ausdruck einer bereits langanhaltenden, nicht-bereinigten Anspannung. Er ist sozusagen das stärkste Alarmzeichen, sich mit sich selbst zu beschäftigen und innere Unausgewogenheit wieder zu harmonisieren.

Unstimmigkeiten im Bereich der ersten drei Körper zeigen sich also sofort oder auch später immer in physischer Krankheit. Das kann anfangen mit einer Erkältung, oder einem Unfall bis hin zu schweren Krankheiten. Bis sich aber Auswirkungen im physischen Körper zeigen, vergeht meist etwas Zeit, da die Materie des Körpers schwerer zu bewegen ist als die Energie von Emotional- und Mentalkörper. Bis eine Störung im physischen Körper eintritt und sich manifestiert, vergeht Zeit, und ebenfalls, bis diese Störung wieder behoben ist. Der physische Körper ist schwerer zu bewegen als die zwei nächsten Körper. Eine Auswirkung vom Mentalkörper auf den Emotionalkörper und umgekehrt geschieht meist direkt. Ein negativer Gedanke löst unmittelbar Unwohlsein auf emotionaler Ebene aus. Dies ist möglich wegen der bereits sehr feinen Energie dieser Ebenen, die schnell zu bewegen ist. Herrschen negative Gefühle im Emotionalkörper, hat das unmittelbare Auswirkungen im Mentalkörper in Form von negativen Gedanken. Eine körperliche Unausgewogenheit ist das Resultat früher oder später. Ihr seht, der physische Körper ist meist Opfer von Unstimmigkeiten der zwei höheren Energiekörper. Er signalisiert unmißverständlich eine Fehlhaltung. Auf welchen Ebenen diese Fehlhaltung vorkommt, müßte dann herausgefunden werden. Dies wäre die Aufgabe von wahren Ärzten. Doch Krankheiten werden losgelöst gesehen vom Rest des Menschen, d.h. nur der physische Körper zählt. Zaghaft beginnen Ärzte auch die Gefühlswelt mit in die Diagnose einzubeziehen, doch äußerst mangelhaft und unvollständig, was auch ganz klar ist. Wie können Ärzte, die sich selbst nicht kennen und nicht an sich arbeiten, anderen Menschen bei der Analyse ihrer Krankheiten helfen? Dies ist fast unmöglich. Nur selten findet man wahrhafte Ärzte und Heiler, die mit dem gesamten Energiesystem des Menschen erfolgreich arbeiten. Somit liegt es momentan noch größtenteils an euch, zu entdecken, wo die wahrhafte innere Ursache einer Krankheit liegt, zusätzlich zur Diagnose der Ärzte. Der physische Körper ist das robusteste Gesamtorgan im Energiesystem des Menschen. Doch wie schon erklärt, der physische Körper ist ein Wunder in seiner Beschaffenheit. Er erträgt sehr viel, doch auch nicht alles. Somit verdient er eure Aufmerksamkeit, Pflege und Liebe.

Früher waren Krankheiten ausschließlich Fehleinstellungen des Emotional- und Mentalkörpers. Heutzutage ist das anders durch die negativen Lebensbedingungen wie z.B. Umweltbelastungen durch Smog, Strahlenwerte, verstärkter Ozoneinfall. Diese Krankheiten schwächen den menschlichen Körper, ja zerstören ihn sogar. Diese Schwächung hat natürlich auch Auswirkungen auf Emotional- und Mentalkörper. Je nachdem welche negativen Stoffe auf den Menschen einwirken, kann er schwach, matt oder auch aggressiv werden. Eine Auswirkung im Emotionalbereich wäre z.B. Mutlosigkeit, und im Mentalbereich eine negative Glaubenseinstellung zum heutigen Leben wie z.B. "es hat ja alles doch keinen Sinn".

Ihr seht, die gegenseitige Beeinflussung der ersten drei Energiekörper ist enorm. Oft ist eine physische Krankheit wie ein Alarmsignal des Energiesystems, wenn ein Mensch seine Wünsche und Probleme nicht erkennen will und ständig darüber hinweglebt. Emotionale und mentale Belastung wird heutzutage schnell wegrationalisiert. Traurigkeit ist z.B. kein Grund, nicht bei der Arbeit zu erscheinen, gedankliche Aggressivität ist kein Grund, in ärztliche Behandlung zu gehen.

Nur physische Irritationen werden gesellschaftlich als Krankheit anerkannt, und selbst Depressionen werden z.B. als physische Krankheit gewertet. Depressionen, Schizophrenie oder Gewalttätigkeiten sind jedoch Krankheiten im emotionalen und mentalen Bereich, die nicht allein nur mit Medikamenten behandelt werden können. Farbtherapie, Primärtherapie und aktive Meditationen müßten massiv in der Behandlung dieser Fehlleitungen eingesetzt werden und vor allem müßten sie als Krankheiten der zweiten und dritten Ebene des Menschen erkannt werden.

Ist ein Energiekörper nicht im Gleichgewicht und in Harmonie, hat dies immer Auswirkungen auf die anderen zwei Energiekörper. Da das Wissen um die ersten drei Energiekörper noch nicht sehr weit verbreitet ist, wird die Wichtigkeit des harmonischen Zusammenspiels auch nicht erkannt. Meist ist es so, daß eine Ebene des Menschen betont wird, je nachdem auf welche besonders Wert gelegt wird. Ist ein Mensch stark körperbetont, werden Emotionen und gedankliche Ausrichtung vernachlässigt. Ist ein Mensch stark emotional ausgerichtet, wird meist der physische Körper und die Mentalebene vernachlässigt. Ist ein Mensch sehr rational, kommen meist die Gefühle und der physische Körper zu kurz. Eine einseitige Ausrichtung auf einen Energiekörper bringt aber eine Unstimmigkeit in das Energiesystem. Ein Energiekörper bekommt dann verstärkt die ganze Aufmerksamkeit und Energie, die anderen werden vernachlässigt und können sogar schrumpfen. Dies zieht nach sich, daß das Potential der vernachlässigten Energiekörper oft bis auf ein Minimum zurückgeht und daß sie ständig übergangen werden. Die Körper der Emotional- und Mentalebene brauchen ebenso Nahrung für ihre Erhaltung wie der physische Körper. Nahrung für den Emotionalkörper ist menschliche Zuwendung z.B. in Form von Liebe und Geborgenheit, Nahrung für den Mentalkörper ist z.B. Denken und Lernen im weitesten Sinne. Bekommt ein Baby z.B. in den ersten Monaten seines Lebens keine emotionale Zuwendung durch die Mutter und wird die ganze Zeit alleine gelassen, so erkrankt sein gesamtes System.

Ihr müßt all eure Körper also gut ernähren, und genauso wie wir im Kapitel über den physischen Körper betont haben, daß ihr ihm leichte, nahrhafte Kost zuführt, so müßt ihr auch darauf achten, welche *Nahrung* ihr den anderen Körpern gebt. Ihr könnt eurem Emotional- und Mentalkörper äußerst schwere Kost in der heutigen Zeit zuführen. Dies ist sogar eher die

Regel als die Ausnahme, ihr müßt nur eure Zeitungen lesen oder eure Fernsehgeräte einschalten. Die Betonung der Medien in der heutigen Zeit liegt auf der Verbreitung von Informationen über Katastrophen, Unfälle und Kriege. Das ist schwere Kost für die zwei Energiekörper. Ihr selbst müßt die Nahrung für Emotional- und Mentalkörper auswählen. Große Hilfe im Außen besteht im Moment nicht. Ja, wenn in euren Zeitungen und Reportagen gesprochen würde über wahre Erfindungen und Erleichterungen für das Leben, über tiefe Meditationserfahrungen einzelner Menschen und Gruppen, oder über große Treffen spirituell suchender Menschen, dann könntet ihr euch wieder mehr am sogenannten gesellschaftlichen Leben orientieren. Doch momentan ist es nicht so. Ihr selbst müßt Oasen schaffen, wo ihr euch immer wieder emotional und mental regenerieren könnt.

Eine ausgeglichene Ausbildung und Betonung der drei ersten Energiekörper ist äußerst wichtig für das Wohlbefinden der Menschen. Das Wissen um die Wichtigkeit jedes einzelnen Energiekörpers und die gleichmäßige Akzeptanz dieser läßt einen harmonischen Energiefluß zwischen ihnen entstehen. Durch eine einseitige Ausrichtung auf einen Energiekörper, entsteht eine Dominanz dessen über die anderen. Eine Ebene des Menschen regiert dann das Energiesystem. Leider ist dies heutzutage sehr oft so. Überlegt nur einmal selbst, inwieweit eure Energiekörper zu gleichen Teilen ausgebildet sind. Richtet ihr euer Augenmerk vielleicht mehr auf euren physischen Körper, auf eure Gefühle oder auf eure Gedanken. Dominiert eine dieser Ebenen die anderen? Ist dies so, entsteht ein Ungleichgewicht. Es kann sogar soweit gehen, daß die Energiekörper gegeneinander arbeiten. Oft herrscht ein richtiger Kampf zwischen den einzelnen Ebenen, den man "inneren

Krieg" nennen könnte. Dies geschieht meist, wenn ein Energiekörper überbetont wird und ein anderer sich gegen diese Dominanz aufbäumt. Ein Beispiel wäre ein Geschäftsmann, der tagein, tagaus in seinem Büro arbeitet, managt, tut und denkt. Alles geht gut, solange sein Emotionalkörper sich nicht gegen diese Überbetonung und einseitige Ausrichtung auflehnt und nach menschlicher Zuneigung verlangt. Der Geschäftsmann sieht diese Gefühle als Störung und als Schwäche an und versucht sie zu rationalisieren, was soweit gehen kann, daß er sich nur noch auf "käufliche Liebe" einläßt. Doch die Gefühle nach Zuneigung sind nicht aus seinem System wegzurationalisieren. Sie sind vorhanden, auch wenn er sie nicht sehen will. Sie schlummern und nagen weiter in ihm und versuchen ihn zu boykottieren, wo immer es möglich ist. Das ist nur ein Beispiel, anhand dessen aber klar wird, was entsteht, wenn ein Körper besonders vorherrscht und versucht, die anderen zu dominieren. Die unterdrückten Energiekörper versuchen auf irgendeine Art und Weise immer ein Ventil zu finden, um auf sich aufmerksam zu machen und um wieder mehr Energie zu bekommen. Durch die Negierung der Bedürfnisse der Energiekörper sind diese nicht verschwunden. Dadurch, daß ihr sagt und denkt "Sexualität ist unspirituell" sind eure sexuellen Gefühle nicht verschwunden. Dadurch, daß ihr sagt "ich bin unabhängig von anderen Menschen und brauche keine Beziehung" sind eure Gefühle nach Nähe und Zärtlichkeit nicht wegzuradieren. Dadurch, daß ihr sagt "ich halte nichts von dem ganzen übersinnlichen Quatsch" sind eure Bedürfnisse nach der Weite und Freiheit des menschlichen Geistes nicht aufgelöst. Wir hoffen nun, wir haben es klar ausgedrückt, daß im Menschen oft ein Hin und Her, ein Abwerten und Unterdrücken seiner verschiedenen Ebenen geschieht. Der Körper ist gegen den Kopf, die Gefühle gegen den rationalen Verstand, der Kopf gegen die Gefühle usw. Dieses Hin und Her, dieser Kampf kann nur entstehen, weil der Mensch sich nicht kennt, weil er sich bis heute noch nicht *erkannt* hat. Gesellschaftliche, moralische und religiöse Regeln verstärken diesen Kampf noch, der im Inneren des Menschen tobt. Gesellschaftliche Regeln wie "Geld ist Macht, Gefühle sind schwach" oder religiöse Regeln wie "Sexualität nur in der Ehe, Homosexualität ist pervers" schaden dem Menschen und sind weit entfernt von den wahren universellen Regeln. Es sind eher kleinliche Regeln, die für den Menschen einen engen starren Rahmen aufzeigen. Diese Regeln gab es immer auf der Erde und sie änderten sich nur in geringem Maße und nicht in der Basis. Niemals galt für eine Gesellschaft wirklich:

Achte alle Wesen
in allen Dimensionen und Erscheinungen.

Niemals wurde nach dieser Regel wirklich gelebt. Nur kleine Gruppierungen versuchten innerhalb der Gesellschaften universelle Gesetze zu verwirklichen.

Der Mensch steht am Scheidepunkt, sich selbst zu erkennen oder weiter in immer größer werdender Dunkelheit zu wandeln. Erkenntnis über die Zusammenhänge des Menschseins muß in vielen Menschen geschehen. Erkenntnis muß stattfinden darüber, daß der Mensch aus verschiedenen Ebenen oder Körpern besteht, die gepflegt, gereinigt und genährt werden müssen. Erkenntnis muß verbreitet werden, daß der Mensch Energiezentren besitzt, die ihn körperlich, emotional und mental sich selbst erfahren lassen und ihm die Möglichkeit verschaffen, hier auf dem Planeten Erfahrungen zu sammeln.

Unwissenheit über diese Dinge bietet immer die Möglichkeit zu einer Fehlleitung, zu der Dominanz einer Ebene, verstärkt durch verinnerlichte, gesellschaftliche oder veraltete religiöse Werte. Ein Verstehen all der Funktionen im eigenen Energiesystem und eine Anleitung zur Reinigung dessen, ist für den Menschen nötig und unabdingbar. Das Erkennen der Funktionen und Bedürfnisse des Energiesystems machen den Menschen frei und sind für ihn der Schlüssel zur Unabhängigkeit. Abhängigkeit von Priestern, Ärzten und Wissenschaftlern, die keine wahren Alternativen für den Menschen anbieten, wird dadurch unmöglich. Der Mensch muß *sich erkennen*. Der Schleier der Unwissenheit über sich selbst muß gelüftet werden und die Angst vor sich selbst muß vertrieben werden. Vieles wurde mystifiziert im Laufe der Jahrhunderte und wird es immer noch. Vieles wurde in den Bereich der Spiritualität geschoben, was dort gar nicht hingehört. Sehen der Auren und der Chakren sollte eigentlich eine normale Funktion und Sehweise des Menschen sein und hat im Grunde nichts mit Spiritualität zu tun. Das Sehen des Unsichtbaren ist im Grunde eine normale Funktion, die dem Menschen wieder möglich wird, wenn er sich kennenlernt und sich reinigt. Bringt er seine Energiezentren und -ebenen in Harmonie miteinander, gleicht sich der Mensch aus. Entfernt er die Schatten und Grenzen der Vergangenheit, macht er sich frei. Ist dies nicht erschreckend einfach? Könnte das Leben auf Erden nicht wunderschön sein, wenn jeder bereit wäre, dies zu sehen und danach zu handeln? Die Lösungen der Menschheit liegen nicht in komplizierten Wahrheiten, die nur wenige verstehen können. Die Lösungen sind einfach, müssen nur erkannt werden und *können* von allen verstanden werden. Dadurch würde eine Auflösung entstehen von höher und niedriger, besser und schlechter, gut und böse usw. Es würde nur noch *eine* Menschheit geben, die gemeinsam den Weg der Liebe und des Lichts beschreitet.

In den letzten Jahren entstand ein Boom in dem Bereich, den ihr Esoterik nennt, der immer noch andauert. Es geschieht wie eine Explosion und alle möglichen Arten von Heilweisen, Therapien und außersinnlichen Wahrnehmungen gelangten an die Öffentlichkeit. Es entstand ein Jahrmarkt, auf dem es vieles zu kaufen gibt unter dem Motto "du kannst alles haben was du bisher nicht hattest". Laßt uns diesen Markt näher betrachten. Unter dem Deckmantel von Spiritualität wird sehr vieles verkauft, was damit gar nichts zu tun hat. Unter dem Deckmantel von Heiligkeit und Höhersein wird das weitergeführt, was die Religionen schon immer gemacht haben. Dies ist nur möglich, weil die Menschheit viele Seiten und Qualitäten in sich selbst unterdrückt hat. Das Herz-, Hals- und Stirn-Chakra wurde nie wirklich geöffnet und sehnt sich danach, mehr Energie zu bekommen. Nun ist die Zeit gekommen, wo viele Menschen diese Qualitäten leben möchten. Dadurch wurde dieser Boom, diese Explosion möglich. Wahre Errungenschaften, entdeckt vor Jahrtausenden, geraten wieder ans Tageslicht, aber jetzt nicht mehr als Geheimwissenschaften, sondern als Möglichkeit für alle. Doch dazwischen gibt es auch viele Pseudoentdeckungen, vor denen es sich zu hüten gilt oder die den Menschen keine Hilfe bieten. Vieles auf diesem Markt der Esoterik hat nichts mit Spiritualität zu tun. Vieles ist Spielerei, wogegen auch nichts zu sagen ist, doch sollte es nicht den Namen "spirituell" tragen.

Versteht ihr, was wir meinen? Da die Menschheit Qualitäten in sich unterdrückt hat und nun die Zeit gekommen ist, diese Unterdrückung aufzulösen, entstand aus diesem Bedürfnis eine neue Marktnische. Einerseits ist diese Explosion nötig und gut, andererseits müßt ihr sehen, daß bei jeder Eruption auch immer Schmutz mit ausgestoßen wird. Besonders Menschen, die beginnen sich zu öffnen, nehmen dankbar alles an, aus einem großen Mangel heraus, was sogenannte spirituelle Menschen ihnen anbieten. Diese Anfänger, wenn wir sie liebevoll so nennen dürfen, stehen vor einem riesigen Angebot, vor einem riesigen Supermarkt mit vielen Produkten, die Erleuchtung verheißen. Die Liebe und Ehrlichkeit in ihrem Herzen wird sie die richtigen Menschen finden lassen, wenn sie auf sich selbst vertrauen. "Gleiches zieht Gleiches an", ist ein Sprichwort das sehr viel Wahrheit enthält.

Unter dem Namen Spiritualität fällt heute also vieles, was der Mensch einfach auf lange Zeit unterdrückt hat, wie z.B. die Qualität, sein Herz für andere zu öffnen, aufnahmefähig zu sein für unsichtbare Botschaften anderer, oder die Fähigkeit, in die Vergangenheit und die Zukunft zu sehen. All diese Qualitäten trägt der Mensch in sich, und die Möglichkeit der Entdeckung dieser Fähigkeiten entsteht durch innere Reinigung, durch Verstehen der menschlichen Anlagen. Im Grunde ist Unwissenheit über die menschlichen Fähigkeiten die Krankheit der Menschheit.

Nun zurück zum Thema dieses Kapitels, nämlich dem Zusammenspiel der drei ersten Energiekörper. Das harmonische Zusammenwirken der drei ersten Energiekörper ist also immens wichtig und wird gefördert durch die innere Reinigung. Die vorliegenden Meditationsübungen schaffen die Grundlage dafür. Die Kontaktaufnahme mit diesen Ebenen bringt wieder mehr Energie in sie hinein, alte Schlacken werden ausgespült und Blockaden treten ans Tageslicht, mit denen ihr euch dann beschäftigen müßt. Die Arbeit mit Licht oder Farbe hilft den Ebenen bei der Transformation und Auflösung alter Verspannungen. Auch wenn ihr Therapiegruppen besuchen solltet in nächster Zeit, fahrt fort mit diesen Übungen, denn sie unterstützen den Prozeß der Therapie. Kommt mehr Energie in jeden einzelnen Energiekörper oder werden Schwachstellen ausgeglichen, so sind alle drei gleich stark. Ein gleiches Energieverhältnis entsteht untereinander. Wenn wir annehmen, der physische Körper ist A, der Emotionalkörper ist B und der Mentalkörper ist C, so sind dann A, B und C zu gleichen Anteilen vorhanden. Es herrscht kein Gegeneinander mehr, so wie es früher war, wo A gegen C, B gegen A und C gegen B war, als Beispiel. Nein, A, B und C sind in harmonischem Austausch miteinander, bedingt durch die eigene innere Harmonie. Dadurch verstärken sie sich gegenseitig und es entsteht ein Vielfaches an Energie. So wie ihr, wenn ihr einen liebevollen, verständnisvollen Partner habt, der euch unterstützt, stärker werdet und über das Gewohnte hinauswachsen könnt, ist es bei einem harmonischen Zusammenspiel der Energiekörper. Durch diese Harmonie wird zusätzlich das Potential gefördert und es kann sich weiter ausdehnen und wachsen. Es ist nicht nur so, daß sich dann die Energie verdreifachen kann, sondern sie geht weit darüber hinaus. Versucht es euch vorzustellen, wie ihr euch dann fühlen würdet. Ist dies nicht wert, an sich zu arbeiten und zunächst ein paar Bemühungen auf sich zu nehmen? Ihr werdet reich belohnt werden.

Wenn ihr den dreiwöchigen Zyklus der Kontaktaufnahme mit euren Energiekörpern durch die Meditationsübungen praktiziert habt, dann könnt ihr zu der nächsten Übung übergehen, die ein harmonisches Zusammenspiel fördert.

Die **Meditationsübung** für ein harmonisches Zusammenspiel der ersten drei Energiekörper:

Schafft euch wieder ein harmonisches Umfeld und wenn ihr wollt, könnt ihr wieder mit dem ersten Teil, wie von Seite 48 bis Seite 51 beschrieben, beginnen. Ihr könnt euch aber auch entspannt hinsetzen oder -legen, ein paarmal tief durchatmen und euch kurz in euch versenken.

Dann stellt euch vor,
wie goldene Lichtpunkte
nach und nach
in euren physischen Körper
eindringen und ihn auffüllen.
Der Eintrittspunkt für die
unzähligen, vibrierenden Lichtpunkte
ist in etwa die Höhe des Nabels.
Langsam wird euer
physischer Körper mit
goldenen Lichtpunkten,
die vibrieren vor Energie
und Lebenskraft angefüllt.
Sie dringen in alle
Organe, in die Muskeln,
die Knochen, das Blut.
Überall hin gelangen die
vibrierenden goldenen Lichtpunkte,
bis in die kleinste Zelle,
bis in das hinterste Atom
eures Körpers.
Das goldene Licht belebt und
stärkt euren physischen Körper.

Er kann langsam mehr
und mehr Energie aufnehmen.
Stellen, die geschwächt sind,
nehmen begierig das goldene
Licht in sich auf,
das beständig weiter
in euren Körper einfließt.
Durch diese Energieaufnahme
dehnen und weiten sich
alle Organe.
Sie entspannen sich
und diese Entspannung
hilft bei der Absorption
des goldenen Lichtes.

Dies hat eine unmittelbare
Auswirkung auf die
ätherische Aura
des physischen Körpers.
Auch sie dehnt und weitet
sich aus,
und erstrahlt in
neuer Stärke.
Der physische Körper
und seine ätherische Aura
sind nun vollkommen
aufgeladen,
aufgetankt mit Energie
und sie verbleiben in diesem
Zustand während der
weiteren Übung.

Nun nehmt Kontakt
auf mit eurem Emotionalkörper.
Stellt euch vor, wie
auch in ihn
goldene, vibrierende Lichtpunkte
einfließen,
die ihn aufladen und ausfüllen.
Der Eintrittspunkt für dieses
Licht ist ebenfalls
in Höhe des physischen Nabels.
Goldene vibrierende Lichtpunkte
füllen langsam euren Emotional-
körper auf und
dringen in ihn ein.
Zusätzlich zu den goldenen
kommen nun auch orangene
Lichtpunkte hinzu.
Vibrierende, goldene und orangene
Lichtpunkte laden euren
gesamten Emotionalkörper
auf mit ihrer Energie,
mit Kraft und Freude.
Der Emotionalkörper
nimmt freudig diese Farbe
entgegen, kann sich entspannen
und loslassen.
Nehmt euch eure Zeit
für diese Lichtübung.

Die Entspannung des
Emotionalkörpers strahlt
aus in seine Aura.

Sie wird langsam klarer
und weiter und
ist nun auch aufgefüllt
mit Licht und Energie.
Der Emotionalkörper und
seine Aura bleiben in
diesem harmonischen Zustand
während der weiteren Übung.

Nun nehmt Kontakt auf
mit eurem Mentalkörper und
stellt euch vor,
wie goldene, vibrierende
Lichtpunkte in ihn einfließen.
Der Eintrittspunkt für
die Lichtpunkte ist
in Höhe des Kehlkopfes.
Goldene vibrierende Lichtpunkte
füllen euren Mentalkörper
langsam auf mit ihrer
Energie und ihrer Leuchtkraft.
Zusätzlich zu den goldenen
kommen grüne Lichtpunkte
nach einer Weile hinzu.
Der Mentalkörper entspannt
sich und läßt los von
alten Gedanken und Mustern.
Er füllt sich auf mit
der Energie der Lichtpunkte,
die unablässig in ihn
einfließen und die
ein Aroma von Kraft,

Hoffnung und Mut
verströmen.
Diese Energetisierung
zeichnet sich ab in
der Aura des Mentalkörpers,
die nun auch erfüllt
ist mit goldenen und
grünen Lichtpunkten.
Dadurch dehnt sie sich
weit über den
Mentalkörper aus und
erstrahlt im Licht.
Der Mentalkörper und
seine Aura sind
in einem Zustand
der Harmonie und
Ausgeglichenheit.

Alle drei Energiekörper
sind nun erfüllt mit
Licht.

Sensibilisiert euch
für alle drei Körper.
Spürt sie alle
drei auf einmal.
Seht, wie sie ihre Energie
untereinander austauschen
und hin- und hersenden.

Gebt ihnen nun den Impuls,
daß sie ab jetzt

gemeinsam in Harmonie
zusammenarbeiten und
zusammen wachsen.
Die Energiekörper verstehen
dies und freuen sich
über eine gemeinsame
Ausrichtung.
Sie erkennen, daß sie
zusammen stärker sind.
Sie richten sich gemeinsam
aus auf eine gute
Zusammenarbeit.
Keiner wird mehr
gegen den anderen sein.
Jeder von ihnen wird
die anderen verstehen.
Eine gemeinsame
Ausrichtung und eine
Verbindung in Liebe
und Harmonie
wird initiiert.

Sie wissen nun alle
drei um die Bedeutung
und Wichtigkeit
ihres harmonischen Zusammenspiels
und geben sich ein
Versprechen über diese
Einhaltung.
Sie erkennen ihre
gemeinsame Stärke.
Bleibt in diesem Zustand

der Gemeinsamkeit
so lange wie es sich
gut für euch anfühlt.
Dann kommt langsam mit
der Gewißheit über dieses
harmonische Zusammenspiel
in euren physischen Körper zurück
und in den Raum, in dem
ihr euch befindet.

Die Weltenhüter.

Die Verbindung aller vier Energiekörper

Die Bedeutung des vierten Energiekörpers für die ersten drei, haben wir bereits beschrieben. Lernen die ersten drei Körper, sich wieder in Harmonie aufeinander auszurichten und miteinander zu arbeiten, so wird es für den vierten Energiekörper viel leichter, sich mit ihnen zu verbinden und seine Energie in sie hineinzuleiten. Dadurch wird die Energie der ersten drei Körper verstärkt gereinigt, transformiert und ausgerichtet auf Positivität und Licht. Göttlichkeit und Zeitlosigkeit gelangen in sie und eine fortschreitende Annäherung und Verschmelzung aller vier Energiekörper findet statt. Der Spiritualkörper lehrt die anderen, sich immer mehr von ihm leiten zu lassen und zu vertrauen auf die eigene innere Stimme und Intuition. Er kann dann zum Meister der anderen werden und sie werden durchdrungen von seiner Weisheit und Spiritualität. Je mehr die ersten drei Energiekörper gereinigt sind, je größer ihre harmonische Zusammenarbeit ist, um so intensiver und effektiver wird der vierte Energiekörper an sie angeschlossen und eine große Veränderung findet in diesem Menschen statt. Das tägliche Leben wird erleuchtet mit Weisheit und Licht und die kleinste Tat wird erkannt als Teil des ganzen Spiels. Somit ist der nächste Schritt in unserem Zyklus der Meditationsübungen die Verbindung der ersten drei Energiekörper mit dem vierten, dem Spiritualkörper.

Die **Meditationsübung** zur Verbindung aller vier Energiekörper:

Ihr beginnt mit der Übung zur Ausrichtung der ersten drei Energiekörper, wie von Seite 154 bis Seite 160 beschrieben, wobei ihr nur die Verabschiedung weglaßt. Dann erweitert ihr diese Übung wie hier beschrieben.

Nun da sich eure ersten
drei Energiekörper
in einem gemeinsamen
Zustand der Harmonie
und Ausgerichtetheit befinden,
können wir weiterschreiten.

Richtet jetzt eure Aufmerksamkeit
auf euren vierten Energiekörper,
den Spiritualkörper oder
buddhischen Körper.
Begrüßt ihn und sprecht
den Wunsch aus,
mit ihm in Kontakt
treten zu wollen.
Verstärkt diesen Kontakt,
indem ihr innerlich
weißes Licht oberhalb
eurer Schädeldecke
visualisiert.

Nehmt Kontakt auf
mit eurem Spiritualkörper,
der sich langsam ganz

über euch ausdehnt,
sich ausstreckt mit
seiner vibrierenden Energie.

Das weiße Licht
verstärkt den Kontakt
zum Spiritualkörper,
erleichtert euch die
Kontaktaufnahme
und macht diese
spürbarer.

Spürt wie der Spiritualkörper
sich langsam über euch
ausbreitet, wie er sich
langsam mit euch verbindet.
Seid ganz aufmerksam,
seid ganz wach,
nehmt genau die Energie
eures vierten Körpers wahr.

Diese Energie kann euch
leiten und führen,
es ist eure Weisheit,
eure Spiritualität,
eure Göttlichkeit,
die ihr wahrnehmt.
Sensibilisiert euch für
diese Energie und
nehmt euch ausreichend Zeit dafür.
Dann stellt euch vor,
wie die Energie des

vierten Körpers langsam
in alle Energiekörper
eindringt.

Ganz sanft durchwirkt
sie den Mentalkörper,
den Emotionalkörper und
den physischen Körper.
Langsam und sanft
dringt die Energie des
Spiritualkörpers in
die anderen drei
ein und durchwirkt
sie mit ihrer Frequenz,
die immer umgewandelt wird
in die Frequenz des
jeweiligen Körpers.

Dadurch bekommen die
drei ersten Körper
mehr Energie,
die hochschwingend und
sehr fein ist.
Eine erneute Reinigung
und erweiterte
Verfeinerung der drei
ersten Energiekörper geschieht.
Sie bekommen die Impulse
des Spiritualkörpers,
füllen sich auf damit
und zwar jeweils soviel
wie sie nehmen können.

Dadurch wird eine
Überforderung der Energiekörper
verhindert.
Alles geschieht sanft
und langsam und
immer dem Zustand
der drei ersten Energiekörper
entsprechend.

Verbleibt in
diesem Zustand,
so lange wie es sich
gut anfühlt.
Fühlt die Verbindung
aller vier Energiekörper.
Bedankt euch bei ihnen
für die erfolgreiche
Zusammenarbeit und
verabschiedet euch dann.

Kommt langsam mit
eurem Bewußtsein
in euren physischen
Körper zurück und
in das Zimmer,
in dem ihr euch
befindet.

Diese Übung solltet ihr wirklich nur praktizieren, wenn ihr alle vorherigen bereits ausführlich geübt habt. Seid besonders vorsichtig mit der Energiesendung des vierten Körpers an die drei ersten. Laßt euch ganz von eurer Weisheit leiten und nicht von eventuellen Gedanken, die euch schnell vorantreiben wollen. Es ist eine bereits sehr fortgeschrittene Übung, die von euch Wachheit und Aufmerksamkeit fordert.

Die Weltenhüter.

Das Energiesystem des Menschen im Licht der Zeit

Eine Transformationsphase für Mensch und Erde

Vorerst haben wir nun das Energiesystem des Menschen für euch komplett besprochen. Zusammen mit dem ersten Buch habt ihr jetzt eine Beschreibung an der Hand, die euch einen tiefen Einblick verschafft und euch steht eine Anleitung zur Aktivierung dieses Energiesystems zur Verfügung. Praktiziert ihr alle Übungen der beiden Bücher der Reihe nach, so garantieren wir euch eine tiefgreifende Reinigung und Veränderung eures Systems. Sie benötigt zwar eine gewisse Zeit, doch sie ist es wert, aufgebracht zu werden. Wir haben die Beschreibung des Energiesystems bewußt beschränkt bis zum siebten Chakra und bis zum vierten Energiekörper. Dies ist im Moment sehr wichtig, damit ihr euch zunächst einmal mit diesen, für das irdische Dasein sehr bedeutenden Ebenen eingehend befaßt. Es existieren oberhalb des siebten Chakras noch mehr Chakren, die aber nicht mit der irdischen Ebene direkt verbunden sind. Ebenso gibt es nach dem Spiritualkörper noch andere Körper, doch sie würden wir lieber als Ebenen des Seins beschreiben, da das Wort "Körper" eher irreführend ist.

Zusammen bildet das System der Chakren und das System der Körper ein wunderbares Gebilde aus Energie und Elektrizität. Diese Energie ermöglicht dem Menschen erst das Menschsein. Diese Energie ist im Bereich des Unsichtbaren, doch immer mehr Menschen öffnen ihre inneren Augen hierfür. Dieses Gebilde aus Energie ist ein sensibles Kraftwerk und eine Transformationsstation für die universelle, alles durchdringende und durchwirkende Energie des Kosmos. Innerhalb dieses Gebildes gelten alle universellen Gesetze. Jedes Chakra, jeder einzelne Körper bildet eine eigenständige Einheit, einen eigenen kleinen Kosmos, der aber in Harmonie mit den anderen schwingen muß, damit nicht das ganze Gebilde in ein Ungleichgewicht fällt. Alle Teile sind eigenständig und doch voneinander abhängig. Sie durchdringen sich und bewirken sich. Wenn alles in Harmonie miteinander schwingt, entsteht ein strahlendes Licht- und Energiegebilde, ertönt der unendliche Ton. Je mehr ihr euer System in Harmonie versetzt, um so mehr erkennt ihr euch als Teil des Großen-Ganzen.

Wie im Kleinen so auch im Großen.

Erkennt ihr die Wichtigkeit der Harmonisierung eines Chakras, das nicht im Einklang mit den anderen schwingt, entdeckt ihr unweigerlich die Auswirkung auf das ganze System. Der Mensch muß sich als dieses sensible Energiegebilde erkennen. Dies wird ihn befreien aus der Verhaftung in der Materie.

Bewußt beschränkten wir uns auf die Beschreibung der sieben Chakren und der vier Energiekörper, denn die Reinigung dieser Ebenen wird und ist entscheidend wichtig. Bereits seit einigen Jahren bekommt die Erde eine erhöhte Zufuhr an kosmischer Strahlung, an kosmischer Energie. Die Zeit ist reif für eine Veränderung. Der Planet Erde und seine Bewohner befinden sich in einer starken Transformationsphase, ausgelöst durch die verstärkte Strahlung. Diese Strahlung bewirkt das Auslösen vieler Dinge. Menschen erinnern sich leichter an ihre wahre Natur, aber alte Blockaden drängen auch mit Macht nach oben. Eine Zeit der Reinigung, der Transformation für die Erde und die Menschen ist bereits vor einigen

Jahren angebrochen und wird sich in den nächsten Jahren noch verstärkt fortsetzen. Die Transformatoren der verstärkten Strahlung im Energiesystem des Menschen sind die Chakren. Ebenso nehmen die Körper diese Energie auf, doch die meiste Arbeit liegt bei den Chakren. Je mehr euer Energiesystem gereinigt ist, um so feiner und höher wird ihre Frequenz und um so leichter kann sie sich einstellen auf diese neue starke, gewaltige Energieströmung aus dem Kosmos, die zum Ziel hat, Erde und Mensch auf eine neue Stufe zu heben. Trifft diese kosmische Kraft auf ein System aus Verhärtungen und Verknotungen, erzeugt dies Spannung und Druck auf den Menschen. Weigert sich der Mensch in der kommenden Zeit, an sich zu arbeiten, seine wahre Natur zu erkennen und sich zu befreien aus der eindimensionalen Sicht der Materie, so bricht für ihn eine schmerzhafte Zeit an. Deswegen unser Angebot der Hilfe durch die zwei Bücher. Ihr Titel "Das Unsichtbare wird sichtbar" wird euch berühren oder hat euch bereits berührt, ist es nicht so? Er hat in euch die Sehnsucht geweckt nach innen zu sehen und die unsichtbaren Welten von euch zu entdecken. Dies ist der Weg zur Vollkommenheit und alles weitere Wichtige, was es zu tun gibt, folgt daraus und enthüllt sich wie von selbst.

Die Meditationsübungen sind sehr wichtig und werden in den nächsten Jahren immer wichtiger für die Menschen. Die Kontaktaufnahme mit den am Anfang noch unsichtbaren Ebenen, die Zuwendung und die Anerkennung ihrer Existenz bewirken sehr viel. Hinzu kommt ihre Aktivierung mit Farbe und Licht. Die Meditationsübungen im Buch über die Chakren arbeiten mit ihrer Grundfrequenz. Die Übungen im vorliegenden Buch arbeiten mit der Farbe Gold und mit Farben, die den Körpern entsprechen. Gold hilft der Heilung und Harmonisierung der Körper und unterstützt sie bei der Ausscheidung alter Blockaden. Die Arbeit mit Farben ist sehr effektiv, wie ihr wahrscheinlich schon festgestellt habt. Farben sind Teil des Lebens, und arbeitet ihr mit ihnen, so erfüllen sie euch mit Energie. Jede Farbe stellt einen Aspekt des Großen-Ganzen dar. Indem ihr verstärkt Energie, Leben, in euer System bewußt hineinbringt, hebt ihr euch auf eine Stufe, die dem Sinn der Strahlung, die zur Erde in den letzten Jahren gelangt, entspricht. Ihr stellt euch sozusagen auf diese Strahlung ein und könnt zusammen mit ihr und der Erde auf eine nächste Stufe gelangen. Ihr erleichtert euch somit den Aufstieg, die Reise zu größerer Bewußtheit, zu einer neuen Daseinsebene. Für viele Menschen steht dieser Aufstieg an, für viele Menschen ist dies bestimmt, nur viele wissen es noch nicht. Wichtig ist jedoch sich über die momentanen Geschehnisse bewußt zu werden und bestimmte Schritte zu tun. Bewußte erste Schritte wären zunächst eine innere Reinigung und Vorbereitung auf diese Zeit, eine innere Disziplin, sich nicht von der vermehrten äußeren Negativität verwirren zu lassen, Kontakte zu Gleichgesinnten zu knüpfen und alternative Bewegungen und Gruppen für ökologisches und spirituelles Zusammensein zu gründen. Doch wie schon gesagt, aus dem ersten Schritt, der inneren Reinigung, folgen meist ganz automatisch die anderen wichtigen Schritte. Wir prophezeien euch, ein neues Zusammenleben wird entstehen, wo universelle Gesetze erkannt und gelebt werden. Lichtplätze werden sich über die Erde ausbreiten, wo Menschen in Liebe und Harmonie mit sich und der Erde leben werden. Dies ist Sinn der verstärkten Strahlung, die auf die Erde und euch einwirkt. Erde und Mensch sollen erhoben werden, sollen erleuchtet werden. Doch wie schon gesagt, bei jeder Veränderung kommt zunächst einmal auch Schmutz oder das, was nicht in Harmonie und Gleichgewicht ist, an die Oberfläche. Deswegen die ganzen Kriege, der Machtmißbrauch und die vielen Umweltkatastrophen. Viele Umweltkatastrophen sind Auswirkungen dieser verstärkten Strahlung. Überschwemmungen, Wirbelstürme und Vulkanausbrüche sind eine Reinigung für die Erde. Die hinzukommende Umweltzerstörung durch den Menschen zerrt momentan am Zustand der Erde, schüttelt sie hin und her und schwächt sie. Es gibt also momentan zwei Faktoren bei den Ereignissen, die mit der Erde geschehen. Ein Faktor ist die Reinigung durch die Energiestrahlung aus dem Kosmos und ist als eine Erleichterung für die Erde zu sehen. Ein anderer Faktor ist die Umweltzerstörung und ihre Auswirkung, die die Erde schwächt. Somit ist nicht alles negativ, was mit der Erde geschieht, auch wenn es für den Menschen zuerst unangenehm oder sogar tödlich ist.

Alles läuft genau nach Plan. Die Geschichte der Erde und der Menschen wurde vor langer Zeit geschrieben. Mit jeder Besiedelung eines neuen Planeten wird auch sein Werdegang festgelegt. Ist ein Planet im All soweit, daß er Leben tragen kann, wird er vorbereitet und wird der Boden geschaffen für Bewußtsein. Bewußtsein entwickelt sich, obwohl es auch immer vorhanden ist! Bestimmte Entwicklungssprünge werden genau festgelegt im Zyklus einer Entwicklung eines Planeten. Nun ist ein großer Zyklus beendet oder das Ende bahnt sich an und eine neue Stufe von Bewußtsein wird erklommen werden. Vielleicht klingt dies für euch phantastisch. Vergeßt es einfach, es ist nicht so wichtig. Wichtig ist zu verstehen, daß ihr diejenigen seid, die die Möglichkeit für einen Bewußtseinssprung in sich tragen. Die Welle, die auf euch einströmt, kann euch emporheben auf eine neue Ebene des Seins.

Im Wandel der Zeit

Bewußtsein entwickelt sich,
obwohl es auch immer vorhanden ist!

Im Laufe der Entwicklung der Erde und der Menschen haben sich beide entscheidend verändert! Ihr Bewußtsein hat sich entwickelt! Der Mensch an und für sich ist nicht mehr derselbe, der er vor 2000 Jahren war, als Beispiel. 2000 Jahre an Erfahrung auf der Erde ist in seinem Energiesystem gespeichert. Ebenso ergeht es der Erde. Somit haben sich beide weiterentwickelt. Dabei gingen sie durch entscheidende Phasen, innerhalb dieser es wichtige Entwicklungssprünge gab. Bestimmte Werte und Inhalte wurden gelebt und ausagiert. Evolution fand statt. Einleuchtend ist hierbei, daß sich diese Phasen und Entwicklungen immer im Chakrensystem und in den Energiekörpern widerspiegeln. Die Veränderung der Menschen im Laufe der Zeit zeigt sich immer im gesamten Energiesystem. Eine grundlegende Veränderung zeigte sich in den letzten Jahrhunderten. Eure alten Schriften zum Beispiel ordneten dem Herz-Chakra die Farbe Grün und dem Hals-Chakra die Farbe Blau zu. Dies galt für die damalige Zeit und kann nicht einfach als endgültig und für immer festgelegt werden. Der Mensch muß erkennen, daß er im ständigen Wandel, in einer ständigen Entwicklung steht. Er ist kein starres Gebilde! Stimmiger für den Entwicklungsstand des heutigen Menschen ist die Farbe Blau als Ausdruck der Grundfrequenz des Herz-Chakras und die Farbe Grün als Ausdruck der Grundfrequenz des Hals-Chakras. Vor Jahrtausenden war die Menschheit einfacheren Lebensumständen ausgesetzt als heute. Durch diese Einfachheit im Alltag und durch feste, unumgehbare Werte hatten sie einen überschaubaren Rahmen, innerhalb dessen es ihnen möglich war, ihr Herz zu zeigen und zu leben. Die Verbindung zwischen Herz- und Hals-Chakra war wie eins. Die Verbindung zu Naturgeistern und sogenannten Göttern wurde als Realität gesehen. Botschaften des Unsichtbaren wurden hoch anerkannt und geehrt. Insgesamt lebte der Mensch in Harmonie mit der Natur und ehrte sie. Alles war einfacher, liebevoller und doch fehlte eine wichtige Komponente - *Bewußtheit!* Blau-, Grün- und Türkistöne herrschten im Bereich des Herz- und Hals-Chakras vor. Mit der Zeit jedoch entstand zunächst eine Entfernung zwischen Hals- und Herz-Chakra, was durch die Abtrennung des Menschen von der unsichtbaren Ebene, von seiner Intuition, von seiner Hingabe an eine Welt der Feen und Geister entstand. Herz- und Hals-Chakra, die in großer Symbiose miteinander standen, entfernten sich voneinander. Das hatte natürlich Auswirkung auf ihre eigenen Frequenzen, auf ihre eigene Ausstrahlung. Sie hatten sich vorher gegenseitig bereichert, nun mußte jeder seinen eigenen Rhythmus finden. In dieser Zeit legten sich auch die Farben als Ausdruck dieses Geschehens fest. Das Herz-Chakra schwang ab dieser Zeit in einer Frequenz, die der Farbe Blau, das Hals-Chakra in einer Frequenz, die der Farbe Grün entspricht. Die Farbe Blau ist für den heutigen Menschen entscheidend wichtig. Sie ist Symbol für den Schritt, für den entscheidenden Sprung auf die Herz-Ebene und die *bewußte* Anwendung eines der ersten universellen Gesetze:

Achte alle Wesen
in allen Erscheinungen und Dimensionen.

Viele Leser des ersten Buches fragten oder waren verwirrt über die unterschiedlichen, mit anderen Texten nicht übereinstimmenden Farben. Der Mensch ist kein statisches Wesen! Er ist in einem ständigen Wandel und selbst oft grundlegende Dinge ändern sich, die sich natürlich in seinem Energiesystem zeigen. Wir haben euch deswegen geraten, Blau in das Herz-Chakra einfließen zu lassen und Grün in das Hals-Chakra. Das Beste ist immer, es einfach einmal auszuprobieren. Doch selbst, wenn ihr euch weigert, diese von uns vorgeschlagenen Farben anzuwenden, tut ihr nichts Verkehrtes oder Falsches, denn Farben wirken immer, und in diesem Falle liegen Blau und Grün sehr nahe beieinander und sind eng miteinander verwandt. Dies nur als Beispiel für eine grundlegende Veränderung und Wandlung des Menschen, die sich im Energiesystem widerspiegelt.

Anhand des Energiesystems ist auf leichte Weise der Entwicklungsstand der Menschheit abzulesen, wenn man in die Sicht des Unsichtbaren eingeweiht und das innere Auge dafür geöffnet ist. Das Wissen über das Energiesystem muß immer wieder auf den neuesten Stand gebracht werden, da es sich verändert und weiterentwickelt. Man kann sich nicht auf alte, vor tausenden von Jahren geschriebene Texte berufen. So, wie die Funktionen des physischen Körpers im Laufe der Jahrhunderte immer weiter entschlüsselt und erforscht wurden, müssen die Chakren und die Energiekörper weiter erforscht und beobachtet werden.

Das Energiesystem des Menschen, ein Gebilde aus Licht!

Als Abschluß möchten wir alles Gesagte der beiden Bücher abrunden. Wir möchten den Kreis, den wir gezogen haben, vollenden. Wir sprachen von und arbeiteten mit Farben an den Chakren und den Energiekörpern. Wir ordneten ihnen bestimmte Farben, als Ausdruck ihrer Energieschwingung zu und zur Unterstützung bei ihrer Reinigung und Transformation. Wenn ihr nun das gesamte Bild vor Augen habt mit den Chakren und ihren Farben und den Energiekörpern und ihren Farben, so seht ihr, daß das ganze Spektrum vorhanden ist. Ihr erkennt die Säule aus Licht, die die Chakren bilden und die Kreise mit unterschiedlichen Farben und Feinheiten, die die Energiekörper ausstrahlen. Alle Farben sind vorhanden und ergeben wieder ein Ganzes.

Ihr könnt an diesem gesamten Bild erkennen, daß bestimmte Stellen bestimmte Farben in sich aufnehmen und wieder produzieren. Der Strahl der Gesamtheit des Lichts wird in dieses System aufgenommen und absorbiert. Die Gesamtheit wird in gewisser Weise gespalten und ihre verschiedenen Lichtstrahlen fließen an bestimmten Stellen besonders ein. Aspekte des Einen entstehen! Somit sind auch die unterschiedlichen Funktionen der Chakren und der Energiekörper zu erklären.

Das *eine Licht*, die *eine Energie* trifft auf das Energiesystem und wird von ihm in unterschiedlicher Auswertung absorbiert. Gleichzeitig ist es aber auch so, daß die Gesamtheit der Energie in alle Stellen einfließt, wobei ein Aspekt eben verstärkt aufgenommen wird. Das heißt in anderen Worten, ständig sind im Grunde alle Farben vorhanden. Ständig wird der gesamte Strahl des Lichts absorbiert. Das Herz-Chakra als Beispiel absorbiert in der heutigen Zeit besonders den blauen Strahl des Lichts, das Solarplexus-Chakra den gelben Strahl des Lichts. Beide nehmen aber gleichzeitig auch alle anderen Aspekte des Strahls in sich auf, nur nicht in so starkem Maße. Die Veränderung der Chakren während des Tages spiegelt sich ebenso in einer Farbveränderung und unterschiedlichen Farbeinziehung wider, da auch sie, genauso wie der physische Körper, einen Tageszyklus durchlaufen. Es ist ein Auf und Ab, wobei immer wieder auch ausgeglichene Zustände entstehen. Dies sprachen wir im Kapitel über den physischen Körper an. Das Abwechseln des Energiezustandes spiegelt sich in Farben. Daneben oder darunter, die richtigen Worte sind schwer zu finden, herrscht doch immer die *Grundfrequenz* und die dazugehörige Farbe des jeweiligen Chakras in ihm vor.

Etwas anders ist es bei den Energiekörpern. Natürlich herrschen in den einzelnen Körpern unterschiedliche Aspekte des Lichtes vor, was sich in starken Farbtönen im Emotionalkörper oder in Pastelltönen im Mentalkörper zeigt. Die ersten drei Energiekörper ziehen den Strahl des Lichtes in sich ein und nehmen je nach ihrer Ausrichtung und Geschultheit verstärkt die verschiedenen Aspekte des Lichtes in sich auf. Die Energiekörper und die Chakren haben ihre eigene Intelligenz und Frequenz. Diese Frequenzen der Chakren oder Körper können wiederum bestimmte Lichtfrequenzen besonders gut in sich aufnehmen, andere auch nicht. Sie ziehen bestimmte Lichtfrequenzen an, absorbieren sie und produzieren dann Energie. Je nachdem welchen Energiekörper wir betrachten, wird physische, emotionale oder mentale Energie produziert. Durch Reinigung und Transformation der Energiekörper wird diese Selbstregelung und Aufnahme der unterschiedlichen Aspekte des Lichts verstärkt.

Anhand des physischen Körpers möchten wir euch dies näher darlegen. Der physische Körper mit all seinen Funktionen und Organen ist ein hochkompliziertes Gebilde. Jedes Organ hat seine ihm eigene Frequenz, die sich harmonisch in das Gesamtgeschehen einfügt und zusammen eine große Gesamtfrequenz bildet. Somit ist es zu erklären, daß jedes Organ mit einem Aspekt des Lichtes besonders harmonisiert und es in sich einzieht. Bei Disfunktionen ist diese Lichtaufnahme gestört oder sogar unterbrochen, was schwere Folgen nach sich ziehen kann. Deswegen bringen Heilmethoden mit Farbe und Licht so viel Erfolg. Egal wie man diese Therapie einsetzt, ob mit Lichtlampen der Körper bestrahlt wird oder ob man über die Meridianpunkte Licht zu den Organen sendet, der Körper und die erkrankten Organe danken diese zusätzliche Lichtzufuhr früher oder später mit Gesundheit. Allerdings ist es wichtig, genau zu wissen, welche Farbe mit welchem Organ harmonisiert. Diese Wissenschaft steht noch am Beginn der Erforschung. Doch was zeigt dieses Beispiel? Durch eine Fehlhaltung wurde die Aufnahme des Lichtstrahls unterbrochen oder verhindert, was eine Disfunktion zur Folge hat. Deswegen ist es wichtig, daß der Mensch seine Energiekörper ständig im Auge behält und darauf achtet, daß sie das bekommen, was sie benötigen und daß sie gereinigt werden. Alle drei Energiekörper benötigen ihre ihnen eigene Nahrung und Reinigung, wie in den vorherigen Kapiteln beschrieben. Geschieht dies, so setzt mit der Zeit die Selbstregelung der Energiekörper ein. Licht wird konstant aufgenommen und die

Dosis der Aufnahme wird selbsttätig erhöht. Die Energiekörper gesunden und werden fähig, immer helleres, höherschwingendes Licht in sich aufzunehmen. Bei einem Menschen, der sehr viele Gefühle der Wut und der Trauer in sich trug, wird durch eine emotionale Reinigung plötzlich möglich, daß er Sonnenfarben in sich einziehen kann, was vorher nicht möglich war. Helligkeit und Freude kann sich in ihm ausbreiten. Das Spektrum des Lichts kann vollständiger aufgenommen werden. Alle Aspekte des Ganzen, des Einen werden dann absorbiert. Es ist also so, daß nicht nur ein Energiekörper über die anderen dominieren kann bei einer Unausgewogenheit, sondern innerhalb eines Energiekörpers auch eine Energieausrichtung dominiert, wie z.B. Wut im Emotionalkörper, was eine vollständige Aufnahme des gesamten Lichts verhindert.

Der Unterschied zwischen den Energiekörpern und den Chakren ist der, daß die generelle Ausrichtung der Energiekörper die Farbgestaltung und somit die Energie bestimmt. Die Chakren und der physische Körper gehen außerdem noch durch den bereits erwähnten Tageszyklus, der natürlich auch auf den Emotional- und Mentalkörper Auswirkungen hat, aber nicht in so starkem Maße.

Das Energiesystem des Menschen,
ein Gebilde aus Licht!

Versteht ihr nun die Bedeutung und die Großartigkeit dieses Systems?

Auf die Farben innerhalb der Energiekörper gingen wir bewußt nicht näher ein. So viele Möglichkeiten der Auslegung und Deutung gibt es hier, daß man fast keine generellen

Zuordnungen machen kann. Gelb im Emotionalkörper hat wieder eine andere Bedeutung, als Gelb im Mentalkörper und außerdem wäre noch zu beachten, welches Gelb es wäre. Das Erlernen der Deutung von Farben innerhalb des Energiesystems erfordert eine fundierte und gezielte Ausbildung, die wir durch dieses Buch niemals geben könnten. Die Ausbildung muß immer direkt am Menschen stattfinden und bezogen sein auf die jeweilige Person. Wir wünschen uns, daß mit der Zeit Schulen gegründet werden, die sich der Erforschung und dem Erlernen des Unsichtbaren widmen. Dadurch wird diese Ebene immer mehr ins Augenlicht vieler Menschen gebracht und somit wird das noch Unsichtbare vielen Menschen sichtbar. Zunächst sollte eine Schule gegründet werden, in der wir Menschen ausbilden könnten, die dann dieses Wissen über die ganze Welt verbreiten.

Die Arbeit mit den Chakren und den Energiekörpern ist eine sehr effektive und sehr schnell wirksame Transformationsmethode, die möglichst vielen Menschen in kürzester Zeit nahegebracht werden kann. Viele Menschen sind bereit für eine Veränderung, hatten aber nur noch nicht das richtige Schlüsselerlebnis, das sie auf den Weg brachte. Viele Menschen sind vorbereitet und bereit für eine Initialzündung! Immer mehr Menschen wollen sich selbst kennenlernen und eintauchen in ihre Tiefe und Schönheit. Der Inhalt und die Methoden unserer beiden Bücher können hierbei helfen. Die Arbeit mit den Chakren und den Energiekörpern ist wie eine Vorbereitung auf noch etwas viel Größeres. Neue Ebenen werden sich euch hierbei eröffnen, neue Einsichten werden in euch eindringen. Die Erforschung eurer selbst ist das größte Abenteuer, das es gibt!

Verabschiedung

Forscher eurer selbst,
wir bedanken uns
bei euch!
Hiermit schließen wir
einen Zyklus ab und
die erste große Arbeit ist vollendet.

Wir hoffen,
daß wir eure Herzen
und euer Verständnis erreichten
und eure Sicht erweiterten.

Nun liegt es
in eurer Hand,
mit diesem Wissen umzugehen.

Kinder der Erde,
bereitet euch vor
auf eine große Veränderung
und helft euren Freunden dabei.
Ein großer Erdzyklus
neigt sich dem Ende zu
und ein neuer Zyklus
bereitet sich vor.
Bewußtseinssprünge sind vonnöten,
Quantensprünge werden möglich sein.

Nutzt die Zeit.
Sträubt euch nicht

gegen Veränderungen,
denn sie kommen ganz automatisch.
Ihr habt alles in euch,
was ihr braucht.
Nichts fehlt,
nur eure Bereitschaft
zu immer größer
werdender Erweiterung
eurer selbst ist nötig.

Altes wird von euch fallen!
Altes euch Vertrautes,
das euch schon lange begleitet hat
und eine Last war,
könnt ihr nun gehen lassen.
Ohne Angst kann sich
das Neue auf sanfte Weise
in euch ausbreiten.
Ihr werdet erfrischt
und erneuert werden.

Ein neues, leichtes,
lichtvolles Wesen,
das ihr seid und das ihr
im Grunde immer wart,
kehrt zu seiner
ursprünglichen Form zurück!

Wir lieben euch,
wir segnen euch!

Die Weltenhüter.